" NEL LABIRINTO DELL'ALZHEIMER "

Sfide, Speranza e Rinascita

<u>Illuminare il sentiero dell'oblio:</u>

Cari lettori,

Benvenuti in questo libro dedicato a un nemico invisibile e spietato: l'Alzheimer. Attraverso queste pagine, ci impegneremo a gettare luce sul labirinto intricato di questa malattia neurodegenerativa, sperando di fornire una guida compassionevole per coloro che si trovano ad affrontare questa sfida e per coloro che desiderano approfondire la loro comprensione dell'Alzheimer.

L'Alzheimer è una realtà crudele e imprevedibile che colpisce milioni di persone in tutto il mondo, trasformando le loro vite e quelle dei loro cari. È un viaggio che nessuno vorrebbe intraprendere, ma che molti si trovano costretti ad affrontare. Questa malattia penetra inesorabilmente le pieghe della mente, cancellando i ricordi e rendendo un tempo familiare un territorio sconosciuto.

In questo libro, ci proponiamo di esplorare ogni aspetto dell'Alzheimer, dal suo impatto sulla mente umana alle sfide che presenta nella vita quotidiana. Inizieremo con una panoramica completa della malattia, fornendo definizioni chiare e illustrando le caratteristiche salienti che la contraddistinguono. Comprenderemo insieme la sua storia, dalla scoperta delle prime evidenze fino ai progressi scientifici più recenti.

Ma l'Alzheimer non è solo una questione scientifica. È una malattia che impatta profondamente le persone a livello emotivo e spirituale. Affronteremo l'impatto che l'Alzheimer ha sul paziente stesso, esplorando i sintomi che emergono man mano che la malattia progredisce. Ci soffermeremo anche sulle difficoltà emotive che accompagnano questa malattia, come l'ansia, la confusione e la perdita dell'identità.

Non dimenticheremo coloro che si prendono cura dei pazienti affetti da Alzheimer. I familiari e i caregiver che dedicano tempo, amore e sacrificio per offrire un sostegno costante meritano riconoscimento e supporto. Esploreremo le sfide che affrontano e forniremo strategie per gestire l'affaticamento, trovare equilibrio e coltivare una rete di supporto.

Ma non tutto è perduto nella battaglia contro l'Alzheimer. Sarà nostro compito illuminare anche la strada della speranza. Condivideremo gli ultimi progressi nella ricerca scientifica, le terapie promettenti e le iniziative che stanno facendo la differenza nella vita delle persone affette da questa malattia. Metteremo in luce il potenziale delle terapie non farmacologiche, come la stimolazione cognitiva e l'arte-terapia, per migliorare la qualità della vita dei pazienti.

Questo libro è un invito a non lasciare che l'Alzheimer rimanga nell'ombra dell'ignoranza e dell'indifferenza. È un'opportunità per educare, ispirare e promuovere una maggiore comprensione di questa malattia che affligge così tante persone. Ci uniremo alle voci di coloro che vivono con l'Alzheimer, ai loro cari e agli operatori sanitari che dedicano le loro vite alla cura e al sostegno di coloro che ne hanno bisogno.

Siamo consapevoli che non esiste una risposta definitiva all'Alzheimer. Tuttavia, nella condivisione delle nostre esperienze, delle nostre conoscenze e delle nostre speranze, possiamo intraprendere un cammino insieme. Un cammino che ci porta a una maggiore consapevolezza, a un sostegno più compassionevole e a una ricerca incrollabile di una cura.

Vi invito a immergervi nelle pagine che seguono, ad aprire le porte del vostro cuore e della vostra mente, e ad accompagnarmi nel tentativo di illuminare il sentiero dell'oblio. Che queste parole possano essere una guida, una consolazione e una fonte di speranza per tutti coloro che si trovano ad affrontare l'Alzheimer.

Insieme possiamo fare la differenza.

Con affetto,

Fabio Battisodo

Nell'introduzione di questi capitoli, esploreremo l'Alzheimer e il suo impatto sulla mente umana. Ci immergeremo nel mondo di questa malattia devastante e cercheremo di comprendere come essa influenzi la cognizione, la memoria e le funzioni cognitive delle persone affette da Alzheimer. Inizieremo offrendo una panoramica generale dell'Alzheimer e delle sue caratteristiche distintive, ponendo le basi per il resto del capitolo.

INDICE:

PREFAZIONE

1. *Sfiorare l'eternità nelle nebbie dell'Alzheimer*

Benvenuti in un viaggio nel cuore oscuro dell'Alzheimer, un viaggio che ci porterà a sfiorare l'eternità nelle nebbie di una mente che si perde. In queste pagine, esploreremo una malattia che affligge milioni di persone in tutto il mondo, sconvolgendo le loro vite e generando confusione e incertezza.

L'Alzheimer è un nemico silenzioso che si insinua furtivamente, lasciando dietro di sé un sentiero di oblio e perdita. È un labirinto intricato che smarrisce i ricordi, trasforma volti familiari in estranei e fa sbiadire i legami affettivi che definiscono la nostra umanità.

In queste pagine, cercheremo di comprendere le origini dell'Alzheimer, scrutando il panorama della ricerca scientifica e dei progressi nel campo della neurologia. Esploreremo i meccanismi complessi che alimentano questa malattia, cercando di gettare luce sulle sue origini ancora oscure.

Ma non ci limiteremo a un'analisi fredda e distante. Attraverso testimonianze toccanti e racconti di coloro che vivono l'Alzheimer ogni giorno, speriamo di rendere tangibile l'esperienza umana di questa malattia. Ascolteremo le storie dei pazienti che lottano per preservare la loro identità, delle famiglie che si aggrappano a ogni ricordo prezioso e dei caregiver che offrono amore e sostegno incondizionato.

Affronteremo anche le sfide quotidiane che i pazienti e i loro cari devono affrontare: dall'ansia e dalla frustrazione di dimenticare le cose più semplici, alla difficoltà di comunicare e di affrontare il mondo esterno. Cercheremo di offrire un bagliore di speranza e di compassione in queste situazioni difficili, riconoscendo l'importanza di un supporto emotivo e di un ambiente empatico.

Questo libro è dedicato a coloro che si trovano ad affrontare l'Alzheimer, che sono intrappolati nella rete intricata di questa malattia insidiosa. È un invito a non arrendersi, a lottare per preservare la dignità e a cercare momenti di gioia e connessione, anche nelle nebbie dell'oblio.

Attraverso queste pagine, speriamo di creare un ponte tra la scienza e l'umanità, tra la ricerca e l'empatia. Vorremmo che queste parole diventino una fonte di conforto e di comprensione per coloro che affrontano l'Alzheimer e che offrano una finestra aperta sulla realtà di questa malattia per coloro che ancora non l'hanno sperimentata direttamente.

Sappiamo che non possiamo eliminare l'Alzheimer con un libro, ma possiamo coltivare una maggiore comprensione, diffondere consapevolezza e promuovere una società più inclusiva e compassionevole. Insieme, possiamo affrontare questa sfida e lavorare verso un futuro in cui l'Alzheimer non sia più una sentenza di oblio, ma una chiamata all'amore e alla comprensione.

Che queste pagine diventino un faro di luce nelle nebbie dell'Alzheimer, offrendo una mano tesa, una parola gentile e un abbraccio di sostegno per coloro che si trovano in questa battaglia.

INTRODUZIONE

2. *L'Alzheimer e il suo impatto sulla mente umana*

L'Alzheimer è una malattia neurodegenerativa che colpisce principalmente le persone anziane, causando un progressivo deterioramento della memoria, del pensiero e delle funzioni cognitive. Questo disturbo affligge milioni di individui in tutto il mondo e rappresenta la forma più comune di demenza.

L'Alzheimer ha un impatto profondo sulla mente umana. I sintomi iniziali spesso includono difficoltà nella memoria a breve termine, come dimenticare appuntamenti, nomi o eventi recenti. Man mano che la malattia progredisce, si verificano perdite di memoria più significative, come dimenticare i propri cari o dimenticare informazioni personali importanti. La capacità di apprendere nuove informazioni e di eseguire compiti complessi diventa sempre più compromessa.

L'effetto dell'Alzheimer sulla mente va oltre la memoria. Le persone affette da questa malattia possono sperimentare problemi di linguaggio, come difficoltà a trovare le parole giuste o a seguire una conversazione. Possono anche avere difficoltà a ragionare in modo logico e a risolvere problemi. Il pensiero astratto diventa sempre più sfumato, rendendo difficile comprendere concetti complessi o trarre conclusioni.

L'Alzheimer può anche influenzare l'equilibrio emotivo delle persone. I pazienti possono sperimentare cambiamenti nell'umore, come l'ansia, la depressione o l'irritabilità. Possono diventare facilmente confusi o agitati, specialmente in situazioni nuove o in ambienti affollati. La perdita di memoria e la confusione possono anche generare frustrazione e disorientamento.

A livello neurologico, l'Alzheimer è caratterizzato dalla formazione di placche di amiloide e grovigli neurofibrillari nel cervello. Queste anomalie interrompono le normali comunicazioni tra le cellule cerebrali e causano danni alle strutture cerebrali coinvolte nella memoria e nelle funzioni cognitive.

L'impatto dell'Alzheimer sulla mente umana si estende anche alle persone che sono vicine ai pazienti. I familiari e i caregiver devono affrontare la sfida emotiva di vedere i loro cari perdere la memoria e l'identità. Devono adattarsi ai cambiamenti comportamentali e fornire un supporto costante e una cura amorevole.

Nonostante la gravità dell'Alzheimer, è importante sottolineare che ogni individuo affronta la malattia in modo unico. La progressione della malattia può variare da persona a persona, così come i sintomi specifici e l'ordine in cui si manifestano. È fondamentale fornire un ambiente di supporto empatico e adattare le strategie di assistenza alle esigenze individuali dei pazienti.

Nel complesso, l'Alzheimer rappresenta un enigma complesso e sfidante per la mente umana. Tuttavia, la ricerca scientifica continua a progredire nel comprendere le cause e le potenziali terapie per questa malattia. L'obiettivo finale è trovare modi per prevenire, rallentare o invertire il processo degenerativo e migliorare la qualità della vita delle persone colpite da questa malattia insidiosa.

CAPITOLO 1

3. *Definizione dell'Alzheimer e i suoi sintomi caratteristici*

L'Alzheimer è una malattia neurodegenerativa cronica e progressiva che colpisce il cervello, causando un deterioramento graduale delle funzioni cognitive, della memoria e del pensiero. È la forma più comune di demenza e rappresenta una sfida significativa per coloro che ne sono affetti, nonché per le loro famiglie e i caregiver.

I sintomi caratteristici dell'Alzheimer possono variare in base alle fasi della malattia, ma ci sono alcune manifestazioni comuni che si riscontrano:

1. Perdita di memoria: Uno dei sintomi più evidenti e precoci dell'Alzheimer è la perdita di memoria a breve termine. Le persone affette possono dimenticare eventi recenti, appuntamenti o dettagli

importanti. Con la progressione della malattia, la perdita di memoria si estende anche a eventi passati e informazioni personali.
2. Difficoltà nel pensiero e nel ragionamento: Le persone con Alzheimer possono sperimentare difficoltà nel pensiero astratto, nell'elaborazione delle informazioni complesse e nel ragionamento logico. Possono avere problemi nel seguire istruzioni, nell'organizzare attività o nel prendere decisioni.
3. Problemi di linguaggio e comunicazione: L'Alzheimer può influire sulla capacità di trovare le parole giuste o di comprendere il linguaggio. Le persone affette possono avere difficoltà a esprimersi in modo chiaro e a mantenere una conversazione coerente.
4. Difficoltà nell'esecuzione di compiti familiari: Le attività quotidiane che una volta erano svolte con facilità possono diventare una sfida per le persone con Alzheimer. Ciò include compiti come vestirsi, preparare i pasti, gestire le finanze o utilizzare dispositivi tecnologici.
5. Disorientamento nello spazio e nel tempo: Le persone affette da Alzheimer possono sentirsi disorientate riguardo al tempo e al luogo. Possono avere difficoltà a riconoscere luoghi familiari o a comprendere l'ordine cronologico degli eventi.
6. Cambiamenti comportamentali ed emotivi: L'Alzheimer può influenzare il comportamento e le emozioni. Le persone affette possono diventare irritabili, ansiose, depresse o apatiche. Possono sperimentare cambiamenti improvvisi dell'umore o comportamenti socialmente inappropriati.

È importante sottolineare che i sintomi dell'Alzheimer possono variare da persona a persona e che la progressione della malattia può essere diversa in ciascun individuo. La diagnosi precoce è fondamentale per iniziare il trattamento e affrontare la malattia in modo adeguato. Se noti sintomi simili all'Alzheimer in te stesso o in una persona cara, è consigliabile consultare un medico per una valutazione accurata e una diagnosi professionale.

3.1. Storia e scoperta dell'Alzheimer

La storia e la scoperta dell'Alzheimer risalgono al periodo tra la fine del XIX secolo e l'inizio del XX secolo. La malattia prende il nome dal medico tedesco

Alois Alzheimer, che per primo descrisse e studiò i sintomi e i cambiamenti cerebrali associati a questa condizione.

Nel 1906, Alois Alzheimer stava lavorando presso l'Ospedale Psichiatrico di Francoforte sul Meno, in Germania, quando si imbatté in una paziente di nome Auguste Deter, una donna di 51 anni che presentava una serie di sintomi insoliti. La signora Deter mostrava segni di progressiva perdita di memoria, confusione mentale, deliri e cambiamenti comportamentali.

Durante l'autopsia della signora Deter, dopo la sua morte nel 1906, Alzheimer esaminò il suo cervello e scoprì delle anomalie strutturali sorprendenti. Osservò la presenza di placche dense e grovigli anormali all'interno del tessuto cerebrale, che erano composte da aggregati di proteine insolite. Queste placche e grovigli divennero noti come placche di amiloide e grovigli neurofibrillari, rispettivamente.

Alzheimer presentò i suoi risultati nel 1906 e nel 1910, riconoscendo l'importanza di questa scoperta nella comprensione di una nuova malattia cerebrale. La condizione fu successivamente denominata "morbo di Alzheimer" in onore del suo scopritore.

Tuttavia, va notato che la scoperta di Alzheimer non fu immediatamente accolta con grande attenzione. La comprensione dell'Alzheimer come malattia specifica richiese ancora molti anni di ricerca e studi ulteriori. Fu solo negli anni '70 e '80 che la comunità scientifica cominciò a riconoscere l'Alzheimer come una forma distinta di demenza e a sviluppare una comprensione più completa delle sue caratteristiche e dei suoi sintomi.

Oggi, la scoperta di Alois Alzheimer rappresenta un punto di svolta nella comprensione dell'Alzheimer e ha aperto la strada per ulteriori ricerche scientifiche sulla malattia. La sua scoperta è stata fondamentale per l'identificazione delle placche di amiloide e dei grovigli neurofibrillari come segni distintivi dell'Alzheimer e ha contribuito alla comprensione delle basi neurobiologiche della malattia.

La ricerca sull'Alzheimer continua a progredire, con l'obiettivo di sviluppare nuove terapie e trattamenti per combattere questa malattia devastante. La scoperta di Alzheimer ha gettato le basi per la ricerca futura e ha aperto nuove strade per la comprensione e la cura dell'Alzheimer e di altre forme di demenza.

3.2. _Sintomi iniziali e segni di allarme_

I sintomi iniziali e i segni di allarme dell'Alzheimer possono variare da persona a persona, ma ci sono alcune manifestazioni comuni che potrebbero indicare la presenza di questa malattia neurodegenerativa. È importante notare che la presenza di uno o più di questi sintomi non implica necessariamente la presenza di Alzheimer, ma può essere un motivo per consultare un medico per una valutazione accurata. Ecco alcuni dei sintomi iniziali e dei segni di allarme dell'Alzheimer:

1. Perdita di memoria a breve termine: Uno dei primi segni di allarme dell'Alzheimer è la difficoltà a ricordare informazioni recenti. Le persone potrebbero dimenticare eventi recenti, appuntamenti, conversazioni appena avvenute o dettagli importanti.
2. Difficoltà a trovare le parole: Le persone potrebbero avere difficoltà a trovare le parole giuste durante una conversazione o potrebbero sostituire parole comuni con termini vaghi o inappropriati.
3. Difficoltà a seguire istruzioni o a completare compiti familiari: Le attività quotidiane che una volta erano svolte con facilità possono diventare una sfida. Le persone potrebbero avere difficoltà a seguire istruzioni complesse, a utilizzare dispositivi tecnologici o a eseguire compiti domestici.
4. Smarrimento di oggetti o difficoltà a orientarsi: Le persone possono mettere oggetti in luoghi inusuali o smarrire oggetti familiari. Potrebbero anche avere difficoltà a seguire indicazioni stradali o a tornare a casa da luoghi familiari.
5. Cambiamenti nella capacità di pianificazione e risoluzione dei problemi: Le persone potrebbero avere difficoltà a pianificare e organizzare attività o a risolvere problemi complessi. Potrebbero mostrare una riduzione delle abilità matematiche o un deterioramento nella capacità di seguire una serie di passaggi.
6. Perdita di interesse e partecipazione a hobbies o attività sociali: Le persone potrebbero perdere interesse per attività che un tempo erano considerate piacevoli e potrebbero ritirarsi dal coinvolgimento in attività sociali.
7. Cambiamenti nell'umore o nella personalità: L'Alzheimer può influire sull'equilibrio emotivo delle persone. Potrebbero sperimentare

cambiamenti improvvisi dell'umore, diventare irritabili, apatici, ansiosi o depressi. La personalità potrebbe sembrare diversa da come era in passato.
8. Difficoltà a seguire una conversazione o a tenere il filo del discorso: Le persone potrebbero avere difficoltà a seguire una conversazione o a ricordare argomenti di discussione. Potrebbero interrompere frequentemente o dimenticare ciò che stavano dicendo.

Questi sono solo alcuni dei segni iniziali e dei sintomi di allarme che possono essere associati all'Alzheimer. Se tu o una persona cara presentate uno o più di questi sintomi, è consigliabile consultare un medico per una valutazione approfondita e una diagnosi precisa. Un intervento tempestivo può contribuire a un migliore management e trattamento dell'Alzheimer.

CAPITOLO 2

4. Le cause dell'Alzheimer

Le cause dell'Alzheimer non sono ancora completamente comprese, ma gli esperti ritengono che una combinazione di fattori genetici, ambientali e di stile di vita possa contribuire allo sviluppo della malattia. Ecco una panoramica delle principali cause dell'Alzheimer:

1. Fattori genetici: L'ereditarietà sembra giocare un ruolo importante nello sviluppo dell'Alzheimer. Alcuni casi di Alzheimer sono legati a mutazioni genetiche rare che sono direttamente responsabili della malattia. Ad esempio, mutazioni nei geni APP (precursore della proteina beta-amiloide), PSEN1 (presenilina 1) e PSEN2 (presenilina 2) sono state associate a forme ereditarie precoci dell'Alzheimer. Inoltre, il gene APOE ε4 è un fattore di rischio significativo per lo sviluppo dell'Alzheimer tardivo, anche se non tutte le persone con questa variante genetica sviluppano la malattia.
2. Placche di amiloide e grovigli neurofibrillari: Nel cervello delle persone affette da Alzheimer, si formano placche di amiloide (aggregati di proteina beta-amiloide) e grovigli neurofibrillari (aggregati di proteina tau

anormale). Si ritiene che queste aggregazioni proteiche danneggino le cellule cerebrali e interferiscano con la normale comunicazione neuronale, portando alla morte cellulare e alla progressiva degenerazione cerebrale.

3. Infiammazione e risposta autoimmune: L'infiammazione cronica nel cervello può contribuire allo sviluppo dell'Alzheimer. Il sistema immunitario del cervello, noto come microglia, può diventare iperattivo e innescare una risposta infiammatoria che danneggia le cellule cerebrali. Alcune teorie suggeriscono che il sistema immunitario potrebbe anche attaccare erroneamente le cellule cerebrali, innescando una risposta autoimmune.

4. Accumulo di radicali liberi e stress ossidativo: I radicali liberi, molecole instabili altamente reattive, possono danneggiare le cellule cerebrali nel corso del tempo. Questo può causare uno stress ossidativo, che è un disadattamento tra la produzione di radicali liberi e la capacità del corpo di neutralizzarli con antiossidanti. Lo stress ossidativo può danneggiare il DNA, le proteine e i lipidi all'interno delle cellule cerebrali, contribuendo alla degenerazione neuronale.

5. Riduzione dei neurotrasmettitori: Nel cervello delle persone affette da Alzheimer, si verifica una riduzione dei livelli di neurotrasmettitori, come l'acetilcolina, che sono coinvolti nella trasmissione dei segnali tra le cellule nervose. Questo squilibrio chimico può influenzare negativamente la memoria, il pensiero e altre funzioni cognitive.

6. Fattori di rischio modificabili: Alcuni fattori di rischio modificabili possono aumentare la probabilità di sviluppare l'Alzheimer. Questi includono l'ipertensione, il diabete, l'obesità, il fumo, l'alto livello di colesterolo, l'inattività fisica e la scarsa stimolazione cognitiva.

Va sottolineato che queste cause sono oggetto di continua ricerca e non sono ancora del tutto comprese. L'Alzheimer è una malattia complessa e multifattoriale, e la combinazione di fattori genetici e ambientali può differire da individuo a individuo. La ricerca scientifica in corso mira a identificare ulteriori cause e fattori di rischio per migliorare la comprensione e lo sviluppo di potenziali trattamenti per l'Alzheimer.

4.1. Fattori di rischio genetici

Gli studi hanno dimostrato che i fattori genetici svolgono un ruolo significativo nello sviluppo dell'Alzheimer. Sebbene la maggior parte dei casi di Alzheimer sia sporadica (senza una causa genetica specifica), esistono alcune varianti genetiche che possono aumentare il rischio di sviluppare la malattia. Ecco alcuni dei principali fattori di rischio genetici associati all'Alzheimer:

1. Mutazioni ereditarie rare: Esistono alcune mutazioni genetiche rare che sono direttamente responsabili dello sviluppo dell'Alzheimer familiare a insorgenza precoce (FAD, familial Alzheimer's disease). Queste mutazioni sono presenti nei geni APP (precursore della proteina beta-amiloide), PSEN1 (presenilina 1) e PSEN2 (presenilina 2). Le persone che ereditano queste mutazioni hanno una probabilità molto elevata di sviluppare l'Alzheimer in età relativamente giovane.

2. Gene APOE: Il gene APOE (apolipoproteina E) è coinvolto nel metabolismo del colesterolo e delle lipoproteine nel cervello. Esistono tre varianti principali di questo gene: APOE ε2, APOE ε3 e APOE ε4. La variante APOE ε4 è il fattore di rischio genetico più comune per lo sviluppo dell'Alzheimer tardivo (LOAD, late-onset Alzheimer's disease). Le persone che ereditano una o due copie della variante APOE ε4 hanno un rischio aumentato di sviluppare l'Alzheimer e possono avere un'espressione più precoce della malattia.

3. Geni correlati alla proteina tau: La proteina tau è coinvolta nella formazione dei grovigli neurofibrillari nel cervello delle persone con Alzheimer. Mutazioni nei geni che controllano la produzione o la funzione della proteina tau possono aumentare il rischio di sviluppare la malattia.

È importante notare che la presenza di questi fattori di rischio genetici non garantisce lo sviluppo dell'Alzheimer, ma aumenta la probabilità. D'altra parte, molte persone con Alzheimer non presentano nessuna di queste varianti genetiche. Allo stesso modo, molte persone che ereditano queste varianti non sviluppano necessariamente l'Alzheimer.

È fondamentale comprendere che i fattori di rischio genetici rappresentano solo una parte dell'equazione complessa dell'Alzheimer. L'interazione tra i fattori genetici, gli ambientali e i fattori di stile di vita può contribuire alla manifestazione della malattia. La ricerca in corso mira a identificare ulteriori varianti genetiche associate all'Alzheimer e a comprendere meglio come queste influenzino lo sviluppo della malattia.

È importante ricordare che, sebbene i fattori di rischio genetici siano significativi, la predisposizione genetica non è il destino. Uno stile di vita sano, l'adozione di abitudini di vita salutari e la gestione di altri fattori di rischio modificabili possono aiutare a ridurre il rischio di sviluppare l'Alzheimer o ritardarne l'insorgenza.

4.2. *Fattori di rischio ambientali*

I fattori di rischio ambientali possono contribuire allo sviluppo dell'Alzheimer. Mentre i fattori genetici svolgono un ruolo importante, l'ambiente in cui viviamo e le nostre scelte di stile di vita possono influenzare il rischio di sviluppare la malattia. Ecco alcuni dei principali fattori di rischio ambientali associati all'Alzheimer:

1. Inattività fisica: La mancanza di attività fisica regolare può aumentare il rischio di sviluppare l'Alzheimer. L'esercizio fisico regolare può migliorare la circolazione sanguigna nel cervello, promuovere la neurogenesi (la formazione di nuove cellule cerebrali) e ridurre il rischio di sviluppare condizioni come l'obesità, il diabete e l'ipertensione, che sono associati all'Alzheimer.
2. Dieta poco salutare: Una dieta ricca di grassi saturi, zuccheri raffinati e cibi ad alto contenuto calorico può aumentare il rischio di sviluppare l'Alzheimer. Al contrario, una dieta sana ed equilibrata, ricca di frutta, verdura, cereali integrali, pesce e grassi sani come quelli presenti nell'olio d'oliva, può contribuire a ridurre il rischio di sviluppare la malattia.
3. Obesità: L'obesità è un fattore di rischio ambientale noto per l'Alzheimer. L'accumulo di grasso corporeo in eccesso può contribuire all'infiammazione sistemica e all'insulinoresistenza, fattori che possono danneggiare il cervello e aumentare il rischio di Alzheimer.
4. Ipertensione e malattie cardiovascolari: L'ipertensione arteriosa e le malattie cardiovascolari, come l'aterosclerosi e le malattie del cuore, sono correlate a un aumento del rischio di sviluppare l'Alzheimer. Una pressione sanguigna elevata e un flusso sanguigno compromesso possono danneggiare i vasi sanguigni cerebrali e aumentare l'infiammazione e il rischio di danni cerebrali.

5. Diabete di tipo 2: Il diabete di tipo 2 è stato associato a un aumento del rischio di Alzheimer. L'insulinoresistenza e le alterazioni nel metabolismo del glucosio possono influire negativamente sulla funzione cerebrale e favorire lo sviluppo di placche di amiloide e grovigli neurofibrillari caratteristici dell'Alzheimer.
6. Traumi cranici: Lesioni cerebrali traumatiche, come quelle causate da traumi cranici gravi o ripetuti, possono aumentare il rischio di sviluppare l'Alzheimer. Ciò può includere lesioni sportive, incidenti stradali o lesioni legate all'attività professionale.
7. Fumo di sigaretta: Fumare sigarette è stato associato a un aumento del rischio di Alzheimer. Il fumo di sigaretta può danneggiare i vasi sanguigni, compromettere la circolazione cerebrale e aumentare l'infiammazione, favorendo così il deterioramento cognitivo.

È importante notare che questi fattori di rischio ambientali non sono necessariamente causa diretta dell'Alzheimer, ma possono aumentare la probabilità di sviluppare la malattia. Adottare uno stile di vita sano, che include una dieta equilibrata, l'esercizio fisico regolare, il controllo della pressione sanguigna e del diabete, nonché l'eliminazione del fumo di sigaretta, può contribuire a ridurre il rischio di Alzheimer e promuovere la salute del cervello a lungo termine.

4.3. *Il ruolo dell'invecchiamento nel manifestarsi dell'Alzheimer*

L'invecchiamento è il più grande fattore di rischio per lo sviluppo dell'Alzheimer. Sebbene l'Alzheimer possa colpire anche persone più giovani, la maggior parte dei casi si verifica dopo i 65 anni. L'invecchiamento è associato a una serie di cambiamenti fisiologici nel cervello che possono predisporre all'insorgenza dell'Alzheimer. Ecco il ruolo dell'invecchiamento nel manifestarsi dell'Alzheimer:

1. Accumulo di placche di amiloide: Con l'avanzare dell'età, si verifica un accumulo graduale di placche di amiloide nel cervello. Queste placche sono costituite da aggregati anomali di una proteina chiamata beta-amiloide. Si ritiene che l'accumulo e il deposito delle placche di

amiloide contribuiscano alla degenerazione delle cellule cerebrali e alla progressione dell'Alzheimer.

2. Formazione di grovigli neurofibrillari: Con l'invecchiamento, si verifica anche la formazione di grovigli neurofibrillari nel cervello. Questi grovigli sono aggregati anormali della proteina tau, che normalmente svolge un ruolo importante nella struttura delle cellule nervose. La formazione dei grovigli neurofibrillari è associata al danneggiamento delle cellule cerebrali e alla disfunzione neuronale nell'Alzheimer.

3. Riduzione delle riserve cognitive: Con l'invecchiamento, si verifica una riduzione naturale delle riserve cognitive, ovvero delle capacità cognitive di riserva che il cervello utilizza per compensare i danni o le perdite neuronali. L'Alzheimer può sfruttare queste ridotte riserve cognitive, rendendo le persone più vulnerabili ai sintomi della malattia.

4. Riduzione dell'efficienza dei meccanismi di riparazione del DNA: L'invecchiamento può influenzare la capacità del cervello di riparare il DNA danneggiato all'interno delle cellule nervose. Ciò può portare a un accumulo di mutazioni nel DNA e alla progressiva degenerazione delle cellule cerebrali nel corso del tempo.

5. Ridotta funzione del sistema immunitario: Con l'invecchiamento, il sistema immunitario del cervello, noto come microglia, può diventare meno efficiente nel rimuovere le placche di amiloide e i grovigli neurofibrillari. Ciò può contribuire all'infiammazione cronica nel cervello e alla progressione dell'Alzheimer.

6. Riduzione del flusso sanguigno cerebrale: L'invecchiamento è associato a una riduzione del flusso sanguigno cerebrale, che può compromettere l'apporto di ossigeno e nutrienti alle cellule cerebrali. Una diminuzione del flusso sanguigno cerebrale può influire negativamente sulla funzione cerebrale e aumentare il rischio di danni cerebrali.

Mentre l'invecchiamento è un fattore di rischio significativo per l'Alzheimer, non è l'unico determinante. Alcune persone possono invecchiare senza sviluppare la malattia, mentre altre possono manifestarla a una età più precoce. La complessa interazione tra fattori genetici, ambientali e di stile di vita contribuisce alla suscettibilità individuale all'Alzheimer. Nonostante ciò, adottare uno stile di vita sano, incluso l'esercizio fisico regolare, una dieta equilibrata, il controllo della pressione sanguigna e del diabete, nonché l'impegno in attività cognitive stimolanti, può contribuire a promuovere la salute del cervello e ridurre il rischio di Alzheimer, anche in presenza dell'invecchiamento.

CAPITOLO 3

5. La diagnosi dell'Alzheimer

Sì, esiste una diagnosi per l'Alzheimer, anche se può essere una diagnosi complessa che richiede un'approfondita valutazione medica. La diagnosi dell'Alzheimer è basata su diversi elementi, tra cui:

1. Anamnesi e colloquio clinico: Il medico raccoglierà informazioni dettagliate sulla storia medica del paziente, compresi i sintomi, la durata e la progressione. Sarà importante discutere dei sintomi attuali, dei cambiamenti di memoria, delle difficoltà cognitive e dei possibili fattori di rischio.
2. Esame fisico: Verrà effettuato un esame fisico completo per escludere altre cause dei sintomi e valutare lo stato di salute generale del paziente.
3. Test cognitivi: Verranno somministrati dei test specifici per valutare la funzione cognitiva del paziente, come il Mini-Mental State Examination (MMSE) o il Montreal Cognitive Assessment (MoCA). Questi test valutano la memoria, l'attenzione, il linguaggio e altre funzioni cognitive.
4. Esami di laboratorio: Verranno eseguiti esami del sangue per escludere altre condizioni mediche che potrebbero causare sintomi simili all'Alzheimer, come carenze vitaminiche, problemi tiroidei o infezioni.
5. Imaging cerebrale: Gli esami di imaging, come la tomografia computerizzata (TC) o la risonanza magnetica (RM), possono essere utilizzati per ottenere immagini dettagliate del cervello e escludere altre cause dei sintomi. Possono anche aiutare a identificare segni caratteristici dell'Alzheimer, come l'atrofia cerebrale o la presenza di placche di amiloide.
6. Esami specializzati: In alcuni casi, possono essere richiesti esami più approfonditi, come la tomografia ad emissione di positroni (PET) o la scansione cerebrale con l'utilizzo di traccianti specifici per visualizzare le placche di amiloide o i grovigli neurofibrillari nel cervello.

È importante sottolineare che la diagnosi dell'Alzheimer può essere difficile e richiedere esclusioni di altre possibili cause dei sintomi. Una diagnosi definitiva dell'Alzheimer può essere confermata solo attraverso un'analisi post-mortem del cervello per identificare la presenza di placche di amiloide e grovigli neurofibrillari. Tuttavia, grazie ai progressi nella ricerca e nella tecnologia medica, i medici possono fare diagnosi accurate dell'Alzheimer durante la vita del paziente con un grado di certezza ragionevole.

5.1 *Metodi diagnostici e test cognitivi*

Esistono diversi metodi diagnostici e test cognitivi utilizzati per valutare l'Alzheimer e valutare la funzione cognitiva di un individuo. Questi strumenti possono essere utilizzati da medici e specialisti per supportare la diagnosi e la valutazione della malattia. Ecco alcuni dei metodi diagnostici e test cognitivi comunemente utilizzati per l'Alzheimer:

1. Test Mini-Mental State Examination (MMSE): È un test ampiamente utilizzato per valutare la funzione cognitiva generale. Esamina la memoria, l'attenzione, l'orientamento spaziale e temporale, il linguaggio e altre funzioni cognitive. Il MMSE viene somministrato attraverso una serie di domande e compiti brevi.
2. Test Montreal Cognitive Assessment (MoCA): È un altro test comunemente utilizzato per valutare la funzione cognitiva. È più sensibile nel rilevare deficit cognitivi lievi rispetto al MMSE. Include diverse aree cognitive, come la memoria, l'attenzione, il linguaggio, il calcolo, l'abilità visuospatiale e l'orientamento temporale.
3. Test Clock Drawing Test (CDT): Questo test richiede al paziente di disegnare un orologio con una certa ora specificata. Viene utilizzato per valutare le abilità visuospaziali, l'organizzazione e il ragionamento astratto.
4. Batteria di valutazione neuropsicologica: Questa è una serie di test e compiti specifici utilizzati per valutare diverse aree cognitive, come la memoria, l'attenzione, il linguaggio, le abilità visuospaziali, l'elaborazione delle informazioni e le funzioni esecutive. Questi test vengono somministrati da uno specialista in neuropsicologia.

5. Imaging cerebrale: Le tecniche di imaging cerebrale, come la tomografia computerizzata (TC) o la risonanza magnetica (RM), possono fornire immagini dettagliate del cervello. Questi esami possono aiutare a identificare segni caratteristici dell'Alzheimer, come l'atrofia cerebrale o la presenza di placche di amiloide.
6. Esami del liquido cerebrospinale: Attraverso un prelievo di liquido cerebrospinale, possono essere misurate le concentrazioni di biomarcatori specifici dell'Alzheimer, come la proteina beta-amiloide e la proteina tau. Questi esami possono fornire indizi sulla presenza e la gravità della malattia.
7. Scansione cerebrale con traccianti PET: Le scansioni cerebrali con l'utilizzo di traccianti specifici, come il [18F]florbetapir o il [18F]flutemetamol, possono rilevare l'accumulo di placche di amiloide nel cervello. Queste scansioni possono essere utilizzate per supportare la diagnosi dell'Alzheimer.

È importante sottolineare che questi strumenti diagnostici e test cognitivi vengono utilizzati in combinazione per valutare la funzione cognitiva e determinare la presenza dell'Alzheimer. Una diagnosi accurata richiede una valutazione medica completa che tenga conto dei sintomi, della storia medica, degli esami di laboratorio e dei risultati dei test cognitivi e degli esami di imaging. La diagnosi dell'Alzheimer è complessa e richiede l'esperienza di professionisti medici specializzati nel campo della neurologia e della neuropsicologia.

5.2 *Importanza della diagnosi precoce*

La diagnosi precoce dell'Alzheimer riveste un'importanza significativa per diversi motivi. Ecco perché la diagnosi precoce è considerata fondamentale nell'affrontare l'Alzheimer:

1. Accesso a trattamenti efficaci: Una diagnosi precoce consente alle persone affette da Alzheimer di iniziare tempestivamente i trattamenti disponibili. Attualmente, esistono farmaci approvati per il trattamento dei sintomi dell'Alzheimer che possono contribuire a migliorare

temporaneamente la funzione cognitiva e il benessere generale. Questi farmaci sono generalmente più efficaci nelle fasi iniziali della malattia, quando la riserva cognitiva è ancora relativamente intatta. Pertanto, una diagnosi precoce offre la possibilità di beneficiare maggiormente di queste terapie farmacologiche.

2. Pianificazione del futuro: Una diagnosi precoce consente alle persone con Alzheimer e alle loro famiglie di pianificare il futuro in modo più completo. Ciò include la possibilità di prendere decisioni informate riguardo alla cura e al supporto, alle questioni legali e finanziarie e a eventuali desideri di trattamenti medici futuri. La pianificazione anticipata può aiutare a ridurre lo stress emotivo e finanziario che può derivare dalla gestione della malattia.

3. Accesso a risorse e supporto: Una diagnosi precoce offre l'opportunità di accedere a risorse e supporto specifici per l'Alzheimer. Ci sono molte organizzazioni, gruppi di supporto e servizi disponibili per le persone con Alzheimer e le loro famiglie. Ottenere una diagnosi precoce consente alle persone di connettersi con queste risorse e ricevere il supporto necessario per affrontare la malattia in modo adeguato.

4. Partecipazione a studi clinici: La diagnosi precoce offre la possibilità di partecipare a studi clinici e di ricerca. La ricerca sull'Alzheimer è in corso e coinvolge lo sviluppo di nuove terapie e approcci per la diagnosi e il trattamento della malattia. La partecipazione a studi clinici può consentire alle persone di accedere a trattamenti sperimentali promettenti, contribuire all'avanzamento della conoscenza scientifica sull'Alzheimer e fornire un senso di scopo nella lotta contro la malattia.

5. Preparazione e adattamento alla progressione della malattia: Una diagnosi precoce offre alle persone e alle loro famiglie l'opportunità di prepararsi emotivamente e praticamente per la progressione della malattia. Ciò può includere l'apprendimento di strategie per affrontare i sintomi, la pianificazione della cura e dell'assistenza a lungo termine e l'adattamento delle abitudini di vita per garantire la migliore qualità di vita possibile.

La diagnosi precoce dell'Alzheimer è un obiettivo importante poiché offre l'opportunità di intervenire tempestivamente, accedere ai trattamenti appropriati, pianificare il futuro e ottenere il supporto necessario. Essa consente alle persone con Alzheimer e alle loro famiglie di avere una maggiore comprensione della malattia e di affrontarla in modo più efficace.

CAPITOLO 4

6. Le fasi dell'Alzheimer e la loro progressione

L'Alzheimer è una malattia neurodegenerativa progressiva che si sviluppa in diverse fasi nel corso del tempo. Le fasi dell'Alzheimer possono variare da persona a persona, ma generalmente seguono un modello di progressione prevedibile. Ecco una panoramica delle principali fasi dell'Alzheimer e della loro progressione:

1. Fase preclinica: Questa fase si verifica prima che compaiano i sintomi evidenti dell'Alzheimer. Durante la fase preclinica, le alterazioni patologiche nel cervello, come l'accumulo di placche di amiloide e grovigli neurofibrillari, sono presenti, ma non causano sintomi riconoscibili. Questa fase può durare anni o addirittura decenni.
2. Fase di lieve compromissione cognitiva: Nella fase di lieve compromissione cognitiva (MCI, Mild Cognitive Impairment), le persone iniziano a notare cambiamenti lievi nella memoria, nell'attenzione o in altre funzioni cognitive. Questi cambiamenti possono essere subdoli ma abbastanza evidenti da essere rilevati durante un'esame cognitivo. Tuttavia, le attività quotidiane e l'indipendenza sono solitamente conservate.
3. Fase di demenza lieve: Nella fase di demenza lieve, i sintomi dell'Alzheimer diventano più evidenti e interferiscono con le attività quotidiane. Le persone possono avere difficoltà a ricordare eventi recenti, a organizzare le idee, a seguire una conversazione o a gestire compiti complessi. Possono anche sperimentare cambiamenti nell'umore, nella personalità o nel comportamento. Nonostante queste difficoltà, molte persone conservano una certa autonomia e possono funzionare con il supporto adeguato.
4. Fase di demenza moderata: Nella fase di demenza moderata, i sintomi dell'Alzheimer diventano più pronunciati e la dipendenza da assistenza aumenta. Le persone possono avere difficoltà a ricordare dettagli personali, come il proprio indirizzo o il proprio numero di telefono. Possono sperimentare confusione mentale, disorientamento spaziale e temporale, problemi di linguaggio e difficoltà a svolgere attività

quotidiane come vestirsi o preparare i pasti. I cambiamenti comportamentali, come l'agitazione, l'irrequietezza o l'aggressività, possono diventare più evidenti.

5. Fase di demenza grave: Nella fase di demenza grave, le persone con Alzheimer hanno una grave perdita della memoria e delle funzioni cognitive. Possono perdere la capacità di riconoscere i propri familiari, di comunicare verbalmente o di svolgere attività di base come mangiare o andare in bagno. La dipendenza da assistenza è generalmente elevata e la cura richiede un ambiente protetto, come un centro di cura o una struttura per anziani.

È importante sottolineare che la progressione dell'Alzheimer può variare da persona a persona. La durata di ogni fase può essere diversa e la sintomatologia può essere influenzata da fattori individuali e da eventuali condizioni mediche concomitanti. È essenziale che le persone con Alzheimer e le loro famiglie abbiano accesso a un adeguato supporto, cura e assistenza durante ogni fase della malattia.

6.1. *Fase iniziale o lieve*

La fase iniziale o lieve dell'Alzheimer è caratterizzata da lievi difficoltà cognitive che diventano evidenti ma ancora gestibili. Durante questa fase, le persone possono notare cambiamenti nella propria memoria, attenzione e capacità di pensiero. Ecco alcune delle caratteristiche comuni della fase iniziale o lieve dell'Alzheimer:

1. Problemi di memoria: Le persone possono iniziare a notare una diminuzione della memoria a breve termine. Possono dimenticare informazioni recenti, come gli appuntamenti o le conversazioni avute di recente. Allo stesso tempo, la memoria a lungo termine può rimanere relativamente intatta, quindi le persone possono ricordare eventi accaduti in passato con maggiore facilità.

2. Difficoltà di concentrazione: La capacità di mantenere l'attenzione su compiti complessi o di seguire conversazioni può essere compromessa. Le persone possono avere difficoltà a rimanere concentrate su attività che richiedono un impegno cognitivo prolungato.

3. Problemi di linguaggio: Si possono verificare difficoltà nella parola scritta e parlata. Le persone potrebbero avere difficoltà a trovare le parole giuste o a esprimere i propri pensieri in modo coerente. La comprensione del linguaggio può anche essere leggermente compromessa.
4. Difficoltà nelle attività quotidiane: La gestione delle attività quotidiane può richiedere un po' più di tempo e sforzo rispetto a prima. Ad esempio, le persone possono avere difficoltà a seguire le istruzioni per preparare un pasto o a organizzare le proprie cose.
5. Smarrimento di oggetti personali: Le persone possono smarrire o mettere in posti sbagliati oggetti personali come chiavi, telefono o occhiali. Possono avere difficoltà a ricordare dove li hanno lasciati.
6. Cambiamenti emotivi e di personalità: In questa fase, possono manifestarsi cambiamenti emotivi come irritabilità, ansia o umore depresso. La personalità di una persona può anche sperimentare alcune variazioni rispetto al comportamento precedente.
7. Consapevolezza delle difficoltà: Le persone in questa fase possono essere consapevoli delle loro difficoltà cognitive e provare frustrazione o preoccupazione a causa di ciò. Tuttavia, potrebbero essere in grado di compensare in parte queste difficoltà con strategie di adattamento e il supporto di familiari o amici.

È importante sottolineare che la fase iniziale o lieve dell'Alzheimer può variare da persona a persona. La durata di questa fase può durare da alcuni anni fino a diversi anni, ma è fondamentale cercare una valutazione medica appropriata per una diagnosi accurata e un piano di trattamento adeguato. La comprensione e il supporto da parte dei familiari e dei caregiver sono fondamentali durante questa fase per facilitare l'adattamento e garantire una buona qualità di vita.

6.2. Fase intermedia o moderata

La fase intermedia della malattia di Alzheimer è caratterizzata da un peggioramento significativo dei sintomi cognitivi e funzionali rispetto alla fase iniziale. Durante questa fase, le persone affette da Alzheimer affrontano sfide sempre più impegnative nella gestione della vita quotidiana. Ecco alcune delle caratteristiche comuni della fase intermedia dell'Alzheimer:

1. Declino della memoria: La memoria continua a peggiorare e le persone possono avere difficoltà a ricordare eventi recenti e passati. Possono dimenticare i nomi dei familiari e degli amici stretti. Le informazioni nuove possono essere dimenticate rapidamente.
2. Difficoltà comunicative: Le persone possono avere maggiori difficoltà a trovare le parole giuste e a comprendere conversazioni complesse. Possono fare confusione nel parlare e avere difficoltà a seguire un discorso o a esprimere i propri pensieri in modo coerente.
3. Deficit delle funzioni esecutive: Le capacità di pianificazione, organizzazione e risoluzione dei problemi possono essere notevolmente compromesse. Le persone possono avere difficoltà a gestire le attività quotidiane come vestirsi, preparare i pasti o gestire le finanze.
4. Disorientamento spaziale e temporale: Le persone possono sentirsi disorientate nel tempo e nello spazio. Potrebbero dimenticare la data o avere difficoltà a orientarsi in luoghi familiari. Potrebbero smarrirsi anche all'interno di ambienti familiari o avere difficoltà a trovare la strada di casa.
5. Cambiamenti comportamentali e di personalità: I cambiamenti comportamentali possono diventare più evidenti durante la fase intermedia. Le persone possono mostrare sintomi come agitazione, ansia, irritabilità o apatia. Possono essere più suscettibili alle frustrazioni o agli sbalzi d'umore. La personalità può subire modifiche significative rispetto al comportamento precedente.
6. Difficoltà nell'igiene personale: La cura personale, inclusi l'igiene e il bagno, può richiedere assistenza e supervisione. Le persone possono avere difficoltà a gestire queste attività in modo autonomo.
7. Progressiva dipendenza dall'assistenza: Durante questa fase, le persone diventano sempre più dipendenti dagli altri per la cura e l'assistenza quotidiana. Potrebbe essere necessario un supporto costante per le attività di base come l'alimentazione, l'abbigliamento e l'igiene personale.

È importante sottolineare che la progressione e l'intensità dei sintomi possono variare da persona a persona. La fase intermedia dell'Alzheimer può durare diversi anni, ma la malattia progredisce costantemente, portando a una maggiore dipendenza e a un maggiore deterioramento cognitivo. Durante questa fase, è essenziale fornire un ambiente sicuro e di supporto, offrire assistenza adeguata e assicurarsi che le persone affette da Alzheimer ricevano cure e attenzioni adeguate per preservare la loro dignità e il loro benessere.

6.3. *Fase avanzata o grave*

La fase grave della malattia di Alzheimer rappresenta la fase avanzata e finale della malattia. Durante questa fase, si verifica un significativo declino cognitivo e funzionale, con una grave dipendenza da assistenza e una ridotta capacità di comunicazione. Ecco alcune delle caratteristiche comuni della fase grave dell'Alzheimer:

1. Grave compromissione della memoria: La memoria è gravemente compromessa e le persone possono avere difficoltà a riconoscere i propri familiari o a ricordare dettagli significativi della propria vita. Il ricordo di eventi passati può essere limitato o del tutto assente.
2. Perdita delle abilità linguistiche: Le persone possono avere una significativa difficoltà a comunicare verbalmente. Possono avere difficoltà a trovare le parole, a formare frasi coerenti o a comprendere il linguaggio parlato. La comunicazione non verbale, come i gesti o l'espressione facciale, potrebbe diventare il principale mezzo di espressione.
3. Grave disorientamento spaziale e temporale: La capacità di orientarsi nello spazio e nel tempo è gravemente compromessa. Le persone possono essere disorientate rispetto al loro ambiente, non riconoscendo luoghi familiari o persone care. La percezione del tempo può essere distorta o persa completamente.
4. Progressiva perdita dell'autonomia: La dipendenza da assistenza diventa quasi totale. Le persone hanno difficoltà a svolgere anche le attività di base come mangiare, vestirsi o andare in bagno. La cura personale richiede un'assistenza costante.
5. Difficoltà nella deglutizione e nell'alimentazione: La capacità di deglutire può essere gravemente compromessa, aumentando il rischio di disfagia e di aspirazione. Le persone possono richiedere alimentazione assistita o l'utilizzo di sondini per l'alimentazione.

6. Progressivo deterioramento fisico: La forza muscolare diminuisce e la mobilità può essere gravemente compromessa. Le persone possono diventare deambulanti o addirittura rimanere confinate a letto. Ciò aumenta il rischio di lesioni, ulcere da decubito e altre complicanze fisiche.
7. Cambiamenti emotivi e comportamentali: Durante la fase grave, possono persistere comportamenti come l'agitazione, l'irrequietezza, l'apatia o l'aggressività. Le persone possono sperimentare sbalzi d'umore e possono mostrare una maggiore vulnerabilità emotiva.
8. Ridotta consapevolezza dell'ambiente e delle persone: Le persone possono mostrare una ridotta consapevolezza dell'ambiente circostante e delle persone che li circondano. La capacità di riconoscere i familiari o di comprendere le situazioni può essere notevolmente compromessa.

La fase grave dell'Alzheimer rappresenta una sfida significativa per i pazienti, i familiari e i caregiver. Richiede una cura e un supporto costante per garantire il benessere e la dignità della persona. Durante questa fase, è essenziale che le persone affette da Alzheimer ricevano un ambiente calmo e sicuro, l'assistenza medica adeguata e il sostegno emotivo sia per loro che per i loro cari.

CAPITOLO 5

7. Impatto sulla famiglia e sui caregiver

L'Alzheimer ha un impatto significativo sulla famiglia e sui caregiver che si prendono cura di una persona affetta dalla malattia. Questo ruolo può essere fisicamente, emotivamente ed economicamente impegnativo. Ecco alcuni degli impatti comuni sulla famiglia e sui caregiver:

1. Stress emotivo: Prendersi cura di una persona affetta da Alzheimer può causare un notevole stress emotivo per i familiari e i caregiver. Vedere un proprio caro affrontare la progressiva perdita di memoria e funzioni cognitive può essere doloroso e frustrante. I caregiver possono

sperimentare una gamma di emozioni, tra cui ansia, tristezza, rabbia, senso di colpa o frustrazione.

2. Carico fisico: L'assistenza a una persona con Alzheimer può richiedere sforzi fisici significativi. Le persone affette dalla malattia possono richiedere assistenza nella mobilità, nell'igiene personale, nell'alimentazione e in altre attività quotidiane. Ciò può comportare sollevamenti, trasferimenti e assistenza nella gestione delle attività di base.

3. Sacrifici personali: I caregiver spesso devono fare dei sacrifici personali per prendersi cura della persona affetta da Alzheimer. Possono ridurre il loro tempo per le attività personali, sacrificare le proprie esigenze di riposo e relax e persino rinunciare a opportunità di lavoro o carriera per dedicarsi all'assistenza a tempo pieno.

4. Impatto sulle relazioni familiari: L'Alzheimer può mettere a dura prova le relazioni familiari. La malattia può richiedere un'enorme quantità di tempo ed energia, portando a tensioni e conflitti tra i familiari. Inoltre, le relazioni possono cambiare a causa dei cambiamenti comportamentali e della comunicazione limitata dell'individuo affetto da Alzheimer.

5. Isolamento sociale: Prendersi cura di una persona con Alzheimer può portare a un senso di isolamento sociale per i caregiver. La loro attenzione e impegno costante per l'assistenza possono ridurre le opportunità di interazione sociale e partecipazione a eventi sociali. Ciò può portare a una sensazione di solitudine e all'isolamento dal sostegno sociale.

6. Impatto finanziario: L'assistenza a una persona con Alzheimer può comportare un carico finanziario significativo. I costi delle cure mediche, dei farmaci, delle terapie, degli ausili e delle strutture di cura possono accumularsi. Inoltre, il caregiver può dover rinunciare a lavori retribuiti o ridurre le proprie ore lavorative, causando una diminuzione del reddito familiare.

7. Salute del caregiver: Prendersi cura di una persona con Alzheimer può influire sulla salute fisica e mentale del caregiver. L'elevato livello di stress e la mancanza di tempo per prendersi cura di sé stessi possono portare a un aumento del rischio di depressione, ansia, esaurimento e altre malattie correlate allo stress.

È fondamentale che i caregiver abbiano un adeguato supporto e risorse per affrontare l'impatto dell'Alzheimer sulla famiglia. Ciò può includere il coinvolgimento di servizi di assistenza, l'adesione a gruppi di supporto, l'accesso a servizi di consulenza e l'ottenimento di pause nella cura (respite care) per prendersi cura di sé stessi. È importante ricordare che il caregiver stesso ha bisogno di attenzione e assistenza per mantenere il proprio benessere mentale ed emotivo durante questo percorso impegnativo.

7.1. *Sfide e stress dei familiari e dei caregiver*

I familiari e i caregiver che si occupano di una persona affetta da Alzheimer affrontano molte sfide e stress nella loro esperienza di cura. Ecco alcuni dei modi in cui possono affrontare tali sfide e ridurre lo stress:

1. Informarsi e comprendere la malattia: L'acquisizione di conoscenze sulla malattia di Alzheimer può essere di grande aiuto. I familiari e i caregiver possono cercare informazioni, leggere libri, partecipare a corsi o workshop sull'Alzheimer. Comprendere la malattia può aiutare a gestire meglio i sintomi, a prevedere le sfide e ad adottare strategie di cura adeguate.
2. Costruire una rete di supporto: È importante stabilire una rete di supporto di familiari, amici e professionisti che possano offrire aiuto e sostegno. Partecipare a gruppi di supporto specifici per i caregiver di persone con Alzheimer può fornire una piattaforma per condividere esperienze, ottenere consigli pratici e ricevere sostegno emotivo.
3. Prendersi cura di sé stessi: È essenziale che i caregiver si prendano cura di se stessi per mantenere la propria salute fisica e mentale. Ciò può includere prendersi del tempo per sé, praticare attività ricreative, esercitarsi regolarmente, seguire una dieta equilibrata e cercare supporto psicologico o counseling se necessario. Mantenere un equilibrio tra le proprie esigenze e l'assistenza fornita è fondamentale per prevenire l'esaurimento e lo stress e per garantire un adeguato benessere.
4. Organizzare una pianificazione anticipata: Pianificare in anticipo può alleviare lo stress e le incertezze. Ciò può includere la pianificazione finanziaria, la pianificazione della cura e dell'assistenza a lungo termine, la pianificazione legale come la preparazione di documenti come l'autorizzazione sanitaria, il testamento biologico o il mandato di

rappresentanza. Una pianificazione anticipata può fornire un senso di controllo e una guida chiara per la cura futura.

5. Utilizzare servizi di supporto e risorse: Esistono molti servizi e risorse disponibili per i caregiver, come servizi di assistenza domiciliare, programmi di respite care per prendersi una pausa temporanea dalla cura, programmi di assistenza diurna, assistenza domiciliare, consulenza professionale e supporto psicologico. Sfruttare tali servizi può alleviare parte del carico di cura e offrire un sostegno prezioso.

6. Accettare l'aiuto: Spesso i caregiver possono sentirsi riluttanti ad accettare l'aiuto dagli altri, ma è importante riconoscere che accettare l'aiuto non è un segno di debolezza, ma una necessità. Chiedere e accettare il supporto di amici, familiari o servizi di assistenza può alleggerire il carico di cura e fornire un sollievo.

7. Adottare strategie di gestione dello stress: Utilizzare strategie di gestione dello stress come la meditazione, la respirazione profonda, lo yoga, la pratica di hobby rilassanti o la scrittura di un diario può aiutare a ridurre lo stress e promuovere il benessere emotivo.

È importante sottolineare che ogni caregiver ha bisogni unici e le strategie che funzionano per uno potrebbero non funzionare per un altro. È quindi fondamentale sperimentare e trovare le strategie che si adattano meglio alla propria situazione e alle proprie esigenze. L'ascolto e la cura di sé stessi sono fondamentali per affrontare le sfide e lo stress associati all'assistenza a una persona affetta da Alzheimer.

7.2. *Strategie di gestione e supporto per i caregiver*

I caregiver che si occupano di una persona affetta da Alzheimer possono beneficiare di una varietà di strategie di gestione e supporto per affrontare le sfide che si presentano durante il percorso di cura. Ecco alcune strategie utili:

1. Educazione e informazione: Acquisire una conoscenza approfondita sull'Alzheimer e sulla sua gestione può essere di grande aiuto. Informarsi sulla malattia, sui sintomi, sulle strategie di cura e sui servizi disponibili può fornire ai caregiver una migliore comprensione della situazione e delle modalità di assistenza adeguate.

2. Pianificazione e organizzazione: Creare una pianificazione anticipata e organizzare le attività quotidiane può aiutare a ridurre lo stress e l'ansia. Mantenere un calendario aggiornato, tenere traccia degli appuntamenti medici, organizzare i farmaci e le terapie, e creare routine strutturate possono fornire una maggiore stabilità e ridurre l'incertezza.

3. Gestione del tempo: Organizzare il proprio tempo in modo efficiente può aiutare a bilanciare le esigenze della persona affetta da Alzheimer e le esigenze personali del caregiver. Creare una lista di compiti, prioritizzare le attività e concedersi pause regolari possono contribuire a evitare il sovraccarico e l'esaurimento.

4. Supporto sociale: Raggiungere e connettersi con altre persone che si trovano nella stessa situazione può fornire un sostegno prezioso. Partecipare a gruppi di supporto per caregiver di persone con Alzheimer può offrire un ambiente in cui condividere esperienze, ricevere consigli pratici e ottenere sostegno emotivo da individui che comprendono le sfide che si affrontano.

5. Prendersi cura di sé stessi: È fondamentale che i caregiver si prendano cura del proprio benessere fisico, emotivo e mentale. Fornire tempo per il riposo, l'esercizio fisico regolare, una dieta equilibrata e il coinvolgimento in attività che portano piacere possono contribuire a mantenere un buon equilibrio e a prevenire l'esaurimento. Inoltre, cercare supporto psicologico o consulenza professionale può aiutare a gestire lo stress e le sfide emotive associate all'assistenza.

6. Delega e richiesta di aiuto: Non esitate a chiedere aiuto e a delegare compiti ai familiari, amici o servizi di assistenza. Accettare l'aiuto può alleggerire il carico di lavoro e fornire un po' di sollievo. Identificare le aree in cui è possibile ricevere assistenza, come la cura diretta della persona affetta da Alzheimer, le attività domestiche o gli appuntamenti medici, può consentire di condividere le responsabilità e diminuire il senso di solitudine.

7. Cercare risorse e servizi di assistenza: Esplorare le risorse disponibili nella propria comunità può essere di grande aiuto. Ci possono essere servizi di assistenza domiciliare, programmi di respite care per prendersi una pausa temporanea dalla cura, programmi di assistenza diurna, consulenti specializzati nell'Alzheimer o organizzazioni che offrono supporto e risorse per i caregiver.

8. Mantenere un atteggiamento positivo: Nonostante le sfide e gli ostacoli, mantenere un atteggiamento positivo può fare la differenza. Celebrare i successi, trovare momenti di gioia e apprezzare le piccole cose possono contribuire a mantenere una prospettiva ottimistica e a fornire

un sostegno emotivo sia per il caregiver che per la persona affetta da Alzheimer.

Ogni caregiver può adottare strategie diverse in base alle proprie esigenze e circostanze specifiche. È importante sperimentare e adattare le strategie al proprio contesto. Ricordate che prendersi cura di sé stessi è essenziale per fornire una migliore assistenza e supporto alla persona affetta da Alzheimer.

7.3. _Ruolo dell'empatia e della comunicazione nella relazione con i pazienti_

L'empatia e la comunicazione sono di fondamentale importanza nella relazione con i pazienti affetti da Alzheimer. Questi due elementi possono contribuire a creare un ambiente di sostegno, comprensione e connessione emotiva. Ecco il ruolo chiave che l'empatia e la comunicazione svolgono nella relazione con i pazienti affetti da Alzheimer:

1. Empatia: L'empatia implica la capacità di mettersi nei panni dell'altro, di comprendere e condividere le emozioni e le esperienze del paziente. Nell'ambito dell'Alzheimer, l'empatia è particolarmente importante perché può aiutare il caregiver o l'operatore sanitario a comprendere meglio le sfide che il paziente affronta quotidianamente, come la confusione, l'ansia e la perdita di memoria. L'empatia consente di stabilire un rapporto di fiducia e di creare un ambiente in cui il paziente si sente compreso e accettato.
2. Comunicazione verbale: La comunicazione verbale è essenziale per interagire con i pazienti affetti da Alzheimer. È importante utilizzare un linguaggio semplice, chiaro e con frasi brevi per facilitare la comprensione. Parlare lentamente, in tono calmo e rassicurante può contribuire a ridurre l'ansia e a favorire la comunicazione. È fondamentale ascoltare attentamente le esigenze e i desideri del paziente, anche se la sua capacità di esprimersi può essere compromessa.
3. Comunicazione non verbale: La comunicazione non verbale, come il contatto visivo, il linguaggio del corpo e le espressioni facciali, può essere altrettanto importante nella relazione con i pazienti affetti da

Alzheimer. Utilizzare il contatto visivo e un sorriso gentile può aiutare a trasmettere calma, comprensione e interesse. Il linguaggio del corpo, come una postura rilassata e aperta, può favorire un ambiente accogliente e di fiducia. È importante osservare le reazioni non verbali del paziente per comprendere meglio le sue esigenze e le sue emozioni.

4. Pazienza e rispetto: L'empatia e la comunicazione richiedono pazienza e rispetto. È importante evitare di correre o di interrompere il paziente mentre parla. Dare al paziente il tempo di esprimersi, anche se ci vuole più tempo per trovare le parole o per completare una frase. Rispettare la dignità del paziente e trattarlo con gentilezza e comprensione può contribuire a instaurare una relazione di fiducia e rispetto reciproco.

5. Adattarsi ai cambiamenti: La malattia di Alzheimer comporta cambiamenti progressivi nella comunicazione e nella capacità cognitiva del paziente. È essenziale adattarsi a questi cambiamenti e trovare nuovi modi di comunicare e di connettersi con il paziente. Ciò può includere l'uso di strumenti di comunicazione alternativi, come immagini, gesti o musica, che possono favorire l'interazione e la comprensione.

L'empatia e la comunicazione possono fare la differenza nella vita dei pazienti affetti da Alzheimer, fornendo un ambiente di cura amorevole, rispettoso e comprensivo. Una comunicazione empatica e attenta può migliorare la qualità della vita del paziente, ridurre l'ansia e l'agitazione e favorire una connessione emotiva significativa tra il paziente e il caregiver o l'operatore sanitario.

CAPITOLO 6

8. Approcci di trattamento e terapie

Esistono vari approcci di trattamento e terapie utilizzati nella gestione della malattia di Alzheimer. L'obiettivo principale di questi approcci è di rallentare la progressione dei sintomi, migliorare la qualità della vita del paziente e fornire supporto sia al paziente che ai caregiver. Ecco alcuni degli approcci di trattamento e terapie comunemente utilizzati:

1. Farmacoterapia: Esistono diversi farmaci approvati per il trattamento della malattia di Alzheimer. Questi farmaci possono aiutare a rallentare la progressione dei sintomi e migliorare temporaneamente la funzione cognitiva e il comportamento. I farmaci comunemente prescritti includono gli inibitori della colinesterasi (come il donepezil, la galantamina e la rivastigmina) e il memantina, che agisce sul sistema del glutammato nel cervello.

2. Terapie non farmacologiche: Le terapie non farmacologiche sono un componente importante della gestione dell'Alzheimer. Queste terapie mirano a migliorare la qualità della vita, la funzione cognitiva e il benessere emotivo del paziente. Alcuni esempi di terapie non farmacologiche includono la terapia occupazionale, la terapia cognitivo-comportamentale, la musicoterapia, l'arte terapia e la terapia basata sulla reminiscenza.

3. Attività di stimolazione cognitiva: Le attività di stimolazione cognitiva possono aiutare a mantenere le funzioni cognitive e a migliorare la memoria, l'attenzione e le capacità di pensiero del paziente. Queste attività possono includere giochi di memoria, puzzle, lettura, scrittura, risoluzione di problemi e altre attività che richiedono un coinvolgimento mentale attivo.

4. Supporto psicologico e consulenza: Il supporto psicologico e la consulenza sono importanti per il paziente e per i caregiver. Un consulente o uno psicologo specializzato nell'Alzheimer può fornire supporto emotivo, strategie di adattamento, consigli sulla gestione del comportamento e assistenza nella pianificazione anticipata.

5. Supporto educativo e gruppi di supporto: Partecipare a programmi educativi sull'Alzheimer e unirsi a gruppi di supporto possono fornire informazioni, condivisione di esperienze e sostegno da parte di altre persone che si trovano nella stessa situazione. I gruppi di supporto offrono un ambiente sicuro per condividere sfide, preoccupazioni, strategie di coping e per ottenere sostegno emotivo.

6. Attività fisica e dieta equilibrata: Mantenere uno stile di vita attivo e seguire una dieta equilibrata può avere benefici sulla salute generale, compreso il benessere cognitivo. L'esercizio fisico regolare può migliorare la circolazione sanguigna al cervello e favorire la salute cognitiva. Una dieta sana, ricca di frutta, verdura, cereali integrali e grassi sani, può contribuire a mantenere la salute cerebrale.

7. Ambiente di cura adeguato: Creare un ambiente sicuro, confortevole e stimolante è essenziale per il paziente affetto da Alzheimer. Ciò può includere la riduzione dei fattori di confusione, l'organizzazione degli

spazi, la presenza di stimoli visivi e uditivi rassicuranti, e la promozione di una routine strutturata.

È importante sottolineare che il trattamento dell'Alzheimer deve essere personalizzato in base alle esigenze specifiche del paziente e della fase della malattia. Una combinazione di approcci farmacologici e non farmacologici, insieme a un adeguato supporto e assistenza, può contribuire a migliorare la qualità della vita del paziente e a gestire i sintomi associati all'Alzheimer.

8.1. *Farmaci e terapie farmacologiche*

Esistono diversi farmaci e terapie farmacologiche utilizzati per contrastare la malattia di Alzheimer. Questi trattamenti mirano a rallentare la progressione dei sintomi e migliorare temporaneamente la funzione cognitiva. Ecco alcuni dei farmaci e terapie farmacologiche comunemente prescritti per l'Alzheimer:

1. Inibitori dell'acetilcolinesterasi: Questi farmaci includono il donepezil (Aricept), la galantamina (Razadyne) e la rivastigmina (Exelon). Agiscono aumentando i livelli di un neurotrasmettitore chiamato acetilcolina nel cervello, che è coinvolto nella memoria e nelle funzioni cognitive. Gli inibitori dell'acetilcolinesterasi possono aiutare a migliorare temporaneamente la funzione cognitiva, la memoria e la capacità di svolgere attività quotidiane.
2. Memantina: La memantina (Namenda) è un altro farmaco utilizzato nel trattamento dell'Alzheimer. Funziona regolando l'attività di un neurotrasmettitore chiamato glutammato nel cervello, che è coinvolto nella memoria e nelle funzioni cognitive. La memantina può aiutare a migliorare temporaneamente la funzione cognitiva e il comportamento, in particolare nelle fasi moderate e severe della malattia.
3. Combinazione di inibitori dell'acetilcolinesterasi e memantina: In alcuni casi, può essere presa in considerazione una combinazione di inibitori dell'acetilcolinesterasi e memantina per il trattamento dell'Alzheimer. Questa combinazione può offrire benefici sinergici e può essere prescritta in base alla gravità dei sintomi e alla risposta individuale al trattamento.

È importante sottolineare che questi farmaci possono fornire un beneficio temporaneo e possono variare nella risposta individuale. Non curano la malattia di Alzheimer, ma possono aiutare a rallentare la progressione dei sintomi e migliorare la qualità della vita del paziente per un certo periodo di tempo.

È fondamentale consultare un medico specializzato o uno specialista in malattie neurodegenerative per la valutazione e la prescrizione dei farmaci per l'Alzheimer. Solo un medico può determinare il trattamento farmacologico più appropriato in base alla gravità dei sintomi, alla risposta individuale al trattamento e ad altri fattori clinici specifici del paziente.

È importante anche combinare i farmaci con approcci non farmacologici, terapie di supporto e una gestione complessiva dell'assistenza per ottenere i migliori risultati nella gestione dell'Alzheimer.

8.2. Terapie non farmacologiche: attività, terapia occupazionale e musica

Le terapie non farmacologiche sono un'importante componente nella gestione dell'Alzheimer e possono contribuire a migliorare la qualità della vita dei pazienti. Tra le terapie non farmacologiche utilizzate per l'Alzheimer ci sono le attività, la terapia occupazionale e la musica. Ecco una spiegazione di queste terapie:

1. Attività: Le attività possono essere una parte significativa della cura per le persone affette da Alzheimer. Coinvolgere i pazienti in attività stimolanti e significative può migliorare il loro benessere emotivo e cognitivo. Le attività possono includere giochi di memoria, puzzle, lettura, scrittura, lavori manuali, arte, giardinaggio e altre attività che coinvolgono il paziente in modo attivo. Le attività possono essere adattate in base alle capacità e agli interessi del paziente, fornendo un senso di realizzazione e aumentando l'autostima.
2. Terapia occupazionale: La terapia occupazionale mira a migliorare l'indipendenza e la funzionalità quotidiana delle persone con Alzheimer. I terapisti occupazionali lavorano con i pazienti per sviluppare strategie

e adattare l'ambiente in modo che possano partecipare alle attività quotidiane in modo sicuro ed efficace. Ciò può includere l'insegnamento di tecniche di gestione del tempo, la fornitura di ausili per la vita quotidiana, l'insegnamento di abilità per l'igiene personale e l'organizzazione di attività strutturate che coinvolgono il paziente in modo significativo.

3. Musicoterapia: La musicoterapia sfrutta il potere della musica per migliorare il benessere emotivo, cognitivo e fisico delle persone con Alzheimer. La musica può evocare ricordi e emozioni positive, stimolare la comunicazione e ridurre l'ansia e l'agitazione. I pazienti possono ascoltare musica preferita, partecipare a sessioni di canto o suonare strumenti musicali. La musicoterapia può essere utilizzata anche in combinazione con altre attività terapeutiche per favorire l'interazione sociale e migliorare la qualità della vita.

Queste terapie non farmacologiche sono progettate per adattarsi alle esigenze e alle capacità individuali del paziente. Possono essere utilizzate sia in ambiente domestico che in strutture di cura specializzate, con il coinvolgimento di professionisti come terapisti occupazionali, musicoterapisti o operatori sanitari specializzati nell'Alzheimer.

È importante notare che l'efficacia delle terapie non farmacologiche può variare da persona a persona. Alcuni pazienti possono beneficiare di queste terapie con miglioramenti nella funzione cognitiva, nelle abilità quotidiane e nell'umore, mentre in altri casi gli effetti possono essere più limitati. È consigliabile consultare un professionista specializzato per determinare quali terapie non farmacologiche siano più adatte al paziente e per adattarle alle sue esigenze specifiche.

8.3. *Cura dell'ambiente e adattamenti per migliorare la qualità della vita*

La cura dell'ambiente e gli adattamenti specifici possono contribuire a migliorare la qualità della vita dei pazienti affetti da Alzheimer. Modificare l'ambiente in cui vivono e adattare gli spazi può favorire l'indipendenza, la sicurezza e la tranquillità del paziente. Ecco alcuni suggerimenti per la cura dell'ambiente e gli adattamenti:

1. Sicurezza domestica: È importante rendere l'ambiente domestico sicuro per il paziente affetto da Alzheimer. Ciò può comportare la rimozione di oggetti pericolosi o di facile accesso, l'installazione di luci notturne o sensori di movimento per evitare cadute, l'uso di tappeti antiscivolo, l'installazione di maniglie di sicurezza nei bagni e l'assicurarsi che i pavimenti siano ben illuminati per ridurre il rischio di inciampi.

2. Organizzazione e routine: Mantenere un ambiente organizzato e strutturato può aiutare il paziente a sentirsi più sicuro e confortevole. Ciò può includere l'etichettatura dei cassetti e degli armadi, l'uso di contenitori trasparenti per facilitare l'individuazione degli oggetti, la creazione di una routine quotidiana prevedibile e la visualizzazione di un calendario o un promemoria visivo per le attività giornaliere.

3. Promozione dell'orientamento: L'Alzheimer può causare confusione e difficoltà nell'orientamento nel tempo e nello spazio. È utile fornire punti di riferimento visivi, come fotografie familiari o quadri, per aiutare il paziente a riconoscere il proprio ambiente. È inoltre consigliabile utilizzare orologi e calendari facili da leggere e mantenere una buona illuminazione nell'ambiente per ridurre l'ansia e migliorare l'orientamento.

4. Creazione di spazi rilassanti: Creare spazi rilassanti e confortevoli può favorire il benessere del paziente. Ciò può includere la creazione di un angolo tranquillo con una poltrona comoda e una coperta morbida, la fornitura di musica rilassante o suoni della natura, l'uso di aromaterapia con oli essenziali delicati e la promozione di attività che favoriscono il relax, come la lettura o l'ascolto di musica.

5. Stimolazione cognitiva: L'ambiente può essere adattato per promuovere la stimolazione cognitiva del paziente. Ciò può includere la presenza di libri, puzzle, giochi da tavolo o giochi di memoria a portata di mano per incoraggiare il coinvolgimento cognitivo. Inoltre, mantenere una comunicazione chiara, utilizzando frasi brevi e semplici, può aiutare il paziente a comprendere meglio le istruzioni e le informazioni.

6. Promozione dell'interazione sociale: L'interazione sociale è importante per il benessere emotivo del paziente. Favorire l'interazione con familiari, amici e caregiver può essere utile. Organizzare visite regolari, coinvolgere il paziente in attività sociali, come partecipare a gruppi di supporto o a programmi di terapia occupazionale, e mantenere una comunicazione empatica e affettuosa possono contribuire a ridurre l'isolamento sociale e migliorare la qualità della vita.

Questi adattamenti e modifiche ambientali possono variare a seconda delle esigenze e delle capacità individuali del paziente. È consigliabile coinvolgere un terapista occupazionale, un consulente specializzato nell'Alzheimer o un professionista sanitario per fornire una valutazione specifica delle necessità del paziente e offrire suggerimenti personalizzati per la cura dell'ambiente.

CAPITOLO 7

8. La ricerca scientifica sull'Alzheimer

La ricerca scientifica sull'Alzheimer è un campo di studio in continua evoluzione e svolge un ruolo cruciale nella comprensione della malattia, nella scoperta di nuovi trattamenti e nella ricerca di una cura. Gli sforzi di ricerca si concentrano su diverse aree chiave legate all'Alzheimer. Ecco alcuni dei principali ambiti di ricerca scientifica sull'Alzheimer:

1. Cause e meccanismi: La ricerca si concentra sulla comprensione delle cause e dei meccanismi alla base dello sviluppo dell'Alzheimer. Ciò include lo studio delle alterazioni genetiche, delle proteine anormali come la beta-amiloide e la proteina tau, e dei processi infiammatori e ossidativi nel cervello. Gli scienziati cercano di identificare come queste alterazioni contribuiscano alla degenerazione neuronale e alla progressione della malattia.
2. Diagnosi precoce: La ricerca mira a sviluppare metodi diagnostici precoci per l'Alzheimer. Ciò include lo studio di biomarcatori nel cervello e nel liquido cerebrospinale che potrebbero rilevare le prime fasi della malattia. L'obiettivo è identificare segni precoci dell'Alzheimer prima che i sintomi diventino evidenti, consentendo una diagnosi precoce e l'avvio tempestivo del trattamento.
3. Terapie farmacologiche: La ricerca si concentra sulla scoperta e lo sviluppo di nuovi farmaci e terapie farmacologiche per l'Alzheimer. Ciò include la ricerca di farmaci che mirano a ridurre l'accumulo di placche di beta-amiloide nel cervello o a stabilizzare la proteina tau, nonché

farmaci che mirano a migliorare le funzioni cognitive e rallentare la progressione della malattia.

4. Terapie non farmacologiche: La ricerca esplora anche terapie non farmacologiche e interventi per la gestione dei sintomi dell'Alzheimer. Questi includono l'uso di terapie occupazionali, terapie cognitive, musicoterapia, attività fisica e interventi nutrizionali. Gli studi si concentrano sull'efficacia di queste terapie nel migliorare la funzione cognitiva, l'umore e la qualità della vita dei pazienti.

5. Genetica e fattori di rischio: La ricerca sulla genetica dell'Alzheimer mira a identificare i geni che aumentano il rischio di sviluppare la malattia. Gli scienziati stanno esaminando i legami tra determinati geni e l'insorgenza dell'Alzheimer, al fine di comprendere meglio i meccanismi di ereditarietà e di sviluppare interventi mirati per le persone ad alto rischio.

6. Studi epidemiologici: Gli studi epidemiologici indagano sui fattori di rischio e protettivi associati all'Alzheimer. Ciò include la valutazione di stili di vita, fattori ambientali, abitudini alimentari, livelli di istruzione e altri fattori che possono influenzare l'incidenza e la progressione della malattia.

La ricerca sull'Alzheimer è un campo complesso e multidisciplinare che coinvolge scienziati, clinici, ricercatori e collaborazioni internazionali. I progressi nella comprensione dell'Alzheimer e nella scoperta di nuove terapie sono fondamentali per affrontare questa malattia e migliorare la vita delle persone colpite. È importante sostenere la ricerca scientifica e continuare a incoraggiare l'innovazione e la collaborazione per trovare una cura per l'Alzheimer.

9.1. *Ultime scoperte e approcci terapeutici promettenti*

Le ultime scoperte e approcci terapeutici promettenti nell'ambito dell'Alzheimer stanno aprendo nuove prospettive nella ricerca di trattamenti efficaci per la malattia. Ecco alcuni dei recenti sviluppi e approcci terapeutici promettenti:

1. Immunoterapia: L'immunoterapia è un campo di ricerca che mira a utilizzare il sistema immunitario per combattere le placche di beta-amiloide nel cervello, che sono caratteristiche dell'Alzheimer. Gli anticorpi monoclonali, come l'aducanumab, hanno dimostrato promettenti risultati nel ridurre l'accumulo di placche di beta-amiloide e nel rallentare la progressione della malattia in alcuni studi clinici.
2. Terapia genica: La terapia genica sta emergendo come un approccio promettente per il trattamento dell'Alzheimer. Gli scienziati stanno cercando di utilizzare vettori genetici per fornire al cervello proteine terapeutiche che possono ridurre l'accumulo di placche di beta-amiloide o prevenire la formazione di tangles di proteina tau. Questo approccio potrebbe modificare direttamente il corso della malattia.
3. Terapia con ultrasuoni focalizzati: La terapia con ultrasuoni focalizzati è una tecnica non invasiva che utilizza onde sonore per aprire temporaneamente la barriera emato-encefalica, consentendo a farmaci specifici di raggiungere direttamente il cervello. Questo approccio potrebbe migliorare la consegna di farmaci terapeutici e ridurre gli effetti collaterali.
4. Approcci multi-target: Gli scienziati stanno cercando di sviluppare trattamenti che mirano a più bersagli nella patologia dell'Alzheimer. Ad esempio, combinare farmaci che agiscono sia sulla beta-amiloide che sulla proteina tau potrebbe avere un effetto sinergico nel rallentare la progressione della malattia.
5. Interventi sullo stile di vita: Studi recenti hanno evidenziato l'importanza degli interventi sullo stile di vita nella prevenzione e nel trattamento dell'Alzheimer. L'esercizio fisico regolare, una dieta sana, il controllo della pressione sanguigna, il mantenimento di una vita sociale attiva e una buona gestione dello stress possono avere effetti benefici sulla salute cerebrale e ridurre il rischio di sviluppare l'Alzheimer.
6. Terapia con luce: La terapia con luce, o fotobiomodulazione, è un approccio terapeutico che utilizza la luce per stimolare le cellule cerebrali e migliorare la loro funzione. Ricerche preliminari hanno mostrato che l'esposizione a specifiche frequenze di luce può ridurre l'infiammazione, promuovere la rigenerazione cellulare e migliorare le funzioni cognitive nei pazienti con Alzheimer.

È importante sottolineare che molte di queste scoperte e approcci terapeutici sono ancora in fase di studio e richiedono ulteriori ricerche e sperimentazioni cliniche per confermare la loro efficacia e sicurezza. Tuttavia, questi sviluppi promettenti offrono speranza per il futuro e indicano una direzione positiva nella ricerca di trattamenti più efficaci per l'Alzheimer.

CAPITOLO 8

10. *Vivere con l'Alzheimer: storie e testimonianze*

Vivere con l'Alzheimer può essere una sfida significativa, sia per il paziente affetto che per i suoi familiari e caregiver. Tuttavia, molte persone che vivono con l'Alzheimer hanno condiviso le loro storie e testimonianze per aumentare la consapevolezza sulla malattia e offrire speranza e supporto ad altri che si trovano nella stessa situazione. Ecco alcuni temi comuni che emergono dalle storie e testimonianze di coloro che vivono con l'Alzheimer:

1. Adattamento alla nuova realtà: Le persone con l'Alzheimer affrontano una serie di cambiamenti nella loro vita quotidiana. Questo può includere difficoltà cognitive, problemi di memoria, disorientamento, problemi di comunicazione e cambiamenti nel comportamento. Molti pazienti e le loro famiglie raccontano di come si sono adattati a questa nuova realtà, cercando di comprendere e affrontare i sintomi della malattia e di adottare strategie di adattamento per mantenere una buona qualità della vita.
2. Importanza del sostegno familiare e dei caregiver: I familiari e i caregiver svolgono un ruolo fondamentale nel supporto delle persone con l'Alzheimer. Le testimonianze sottolineano l'importanza di avere una rete di sostegno solida, che può includere partner, figli, altri familiari e amici. Il sostegno emotivo, pratico e fisico dei caregiver può aiutare a far fronte alle sfide quotidiane e fornire un senso di sicurezza e affetto per il paziente.
3. Vivere nel presente: Molte persone con l'Alzheimer sottolineano l'importanza di vivere nel presente. Poiché la malattia può portare a una perdita progressiva di memoria a breve termine, concentrarsi sul momento presente può aiutare a ridurre l'ansia e il disagio. Ciò può significare apprezzare le piccole gioie quotidiane, coinvolgersi in attività piacevoli e trascorrere del tempo con i propri cari.
4. L'importanza della comunicazione e dell'empatia: La comunicazione diventa una sfida per coloro che vivono con l'Alzheimer. Tuttavia, molti

pazienti e familiari testimoniano l'importanza di adottare un approccio empatico e paziente nella comunicazione. Utilizzare frasi semplici, gesti, contatto visivo e altri mezzi non verbali può aiutare a stabilire una connessione e a far sentire il paziente compreso e rassicurato.

5. Valorizzare l'autonomia e l'autostima: Nonostante le difficoltà cognitive e funzionali, le persone con l'Alzheimer possono ancora mantenere una certa autonomia e senso di autostima. Le storie di coloro che vivono con la malattia sottolineano l'importanza di valorizzare le capacità rimanenti del paziente e di coinvolgerlo nelle decisioni quotidiane, come la scelta di abbigliamento o la partecipazione a attività significative.

6. La forza della resilienza: Nonostante la malattia, molte persone con l'Alzheimer mostrano una notevole resilienza e determinazione nel far fronte alle sfide quotidiane. Queste testimonianze di coraggio e speranza dimostrano come sia possibile trovare un senso di scopo e di gioia nella vita nonostante l'Alzheimer.

Le storie e le testimonianze delle persone che vivono con l'Alzheimer offrono una prospettiva preziosa sulla malattia e sottolineano l'importanza dell'empatia, del sostegno e della comprensione nella gestione della malattia. Rendendo queste storie accessibili e condividendole, possiamo contribuire a sensibilizzare e a promuovere una maggiore comprensione dell'Alzheimer nella società.

10.1. *Racconti di pazienti affetti da Alzheimer e delle loro famiglie*

I racconti di pazienti affetti da Alzheimer e delle loro famiglie offrono un'opportunità unica per comprendere l'impatto personale della malattia e le sfide che affrontano quotidianamente. Queste storie possono essere ispiratrici, toccanti e allo stesso tempo educative. Di seguito sono riportati alcuni temi comuni che emergono dai racconti delle persone affette da Alzheimer e delle loro famiglie:

1. Esperienze personali: Le storie raccontate dai pazienti stessi possono fornire un'intima finestra sulla loro esperienza con l'Alzheimer. Essi possono condividere le loro sensazioni di smarrimento, di confusione, di

perdita di memoria e di identità. Molti pazienti descrivono la frustrazione di non essere in grado di ricordare le cose o di comunicare efficacemente, ma possono anche condividere momenti di gioia e di connessione emotiva.

2. Impatto sulla famiglia: Le storie delle famiglie affrontano le sfide e le emozioni associate alla cura di una persona affetta da Alzheimer. Gli familiari possono raccontare di come abbiano dovuto adattarsi a un nuovo ruolo di caregiver, affrontare la tristezza di vedere il proprio caro perdere lentamente le proprie abilità e affrontare le difficoltà finanziarie o logistiche legate alla malattia. Tuttavia, le storie delle famiglie possono anche evidenziare il senso di amore, di resilienza e di crescita personale che emerge da questa esperienza.

3. Sfide quotidiane: I racconti possono mettere in luce le sfide quotidiane affrontate dai pazienti e dalle loro famiglie. Queste sfide possono includere la gestione delle attività quotidiane, come l'igiene personale e l'alimentazione, la navigazione nelle routine mediche e la gestione dei cambiamenti comportamentali. Le storie possono anche rivelare l'importanza di una pianificazione anticipata, di una rete di supporto solida e di risorse adeguate per affrontare queste sfide.

4. Momenti di gioia e connessione: Nonostante l'impatto dell'Alzheimer, i racconti possono anche rivelare momenti di gioia, di sorrisi e di connessione emotiva tra i pazienti e le loro famiglie. Questi momenti preziosi possono derivare da attività di stimolazione cognitiva, dalla condivisione di ricordi passati o da un semplice gesto d'affetto. Essi rappresentano la resilienza e la capacità umana di trovare gioia anche nelle circostanze più difficili.

5. Importanza della sensibilizzazione: I racconti dei pazienti e delle loro famiglie possono contribuire a sensibilizzare il pubblico sull'Alzheimer e sulla necessità di supporto e di risorse adeguate per i pazienti e le loro famiglie. Queste storie possono sfidare gli stereotipi e promuovere una maggiore comprensione dell'Alzheimer come malattia neurodegenerativa complessa che richiede un approccio olistico e compassionevole.

Le storie dei pazienti affetti da Alzheimer e delle loro famiglie sono un importante mezzo per condividere esperienze, fornire supporto e diffondere consapevolezza sulla malattia. Attraverso la narrazione, queste storie possono unire le persone, ridurre lo stigma associato all'Alzheimer e ispirare azioni volte a migliorare la vita di coloro che vivono con questa malattia.

10.2. *Esperienze di vita quotidiana e strategie di adattamento*

Le esperienze di vita quotidiana delle persone affette da Alzheimer possono variare, ma ci sono alcune sfide comuni che molte persone affrontano. Allo stesso tempo, vi sono anche molte strategie di adattamento che possono aiutare a gestire queste sfide e migliorare la qualità della vita. Di seguito sono riportate alcune esperienze di vita quotidiana e strategie di adattamento comuni per le persone affette da Alzheimer:

1. Gestione della memoria: La perdita di memoria è una delle sfide principali per le persone con Alzheimer. Per gestire questa difficoltà, molte persone trovano utile l'uso di promemoria visivi, come calendari, post-it o orologi digitali. La creazione di routine strutturate e l'organizzazione degli ambienti possono anche aiutare a ridurre la confusione e ad aumentare l'orientamento.
2. Comunicazione: L'Alzheimer può influire sulla capacità di comunicazione delle persone, rendendo difficile esprimere i propri pensieri o capire gli altri. Le strategie di adattamento per la comunicazione includono l'uso di frasi brevi e semplici, il mantenimento di un tono di voce calmo e rassicurante, il supporto non verbale come l'uso di gesti e contatto visivo, e la pazienza nell'ascoltare e nel rispondere.
3. Nutrizione e igiene personale: Mantenere una buona nutrizione e igiene personale può essere una sfida per le persone con Alzheimer. Le strategie di adattamento includono la creazione di un ambiente sicuro e confortevole per i pasti, l'offerta di cibi facili da mangiare, come alimenti morbidi o tagliati a pezzetti, e l'assistenza nelle attività di igiene personale, come il bagno o la cura dei capelli.
4. Sicurezza domestica: Le persone con Alzheimer possono essere vulnerabili a situazioni di pericolo, come perdersi o dimenticare di spegnere fornelli o elettrodomestici. Per garantire la sicurezza, molte famiglie adottano strategie come l'uso di dispositivi di sicurezza, l'installazione di luci notturne o sensori di movimento, la rimozione di oggetti pericolosi e l'assicurazione di una supervisione adeguata.
5. Coinvolgimento in attività significative: Promuovere l'coinvolgimento in attività significative può aiutare a migliorare l'umore e il senso di scopo delle persone con Alzheimer. Ciò può includere attività come la lettura, la musica, il giardinaggio, la pittura o la partecipazione a programmi di terapia occupazionale. Adattare le attività alle capacità individuali e

fornire un ambiente stimolante può favorire un senso di realizzazione e benessere.

6. Supporto emotivo e sociale: L'Alzheimer può avere un impatto emotivo significativo sulle persone e sui loro cari. Trovare un supporto emotivo e sociale, come partecipare a gruppi di supporto per caregiver o per persone affette da Alzheimer, può fornire un sostegno e una connessione preziosi. Comunicare apertamente con familiari, amici e professionisti sanitari può aiutare a gestire lo stress e a cercare soluzioni insieme.

È importante sottolineare che le strategie di adattamento possono variare a seconda delle esigenze e delle capacità individuali. La consulenza di professionisti specializzati, come terapisti occupazionali o assistenti sociali, può essere preziosa nel fornire orientamento personalizzato e suggerimenti specifici per affrontare le sfide quotidiane dell'Alzheimer.

CAPITOLO 9

11. Sostenere la ricerca e l'assistenza all'Alzheimer

Sostenere la ricerca e l'assistenza all'Alzheimer è di fondamentale importanza per migliorare la vita delle persone affette da questa malattia e per cercare una cura efficace. Ecco alcuni modi in cui è possibile sostenere la ricerca e l'assistenza all'Alzheimer:

1. Donazioni: Le donazioni finanziarie sono un modo diretto per sostenere la ricerca sull'Alzheimer e le organizzazioni che forniscono assistenza alle persone colpite dalla malattia. È possibile effettuare donazioni a istituti di ricerca, centri medici, organizzazioni senza scopo di lucro o associazioni che si occupano dell'Alzheimer. Anche piccole donazioni possono fare una differenza significativa.

2. Partecipazione a eventi benefici: Partecipare a eventi benefici dedicati all'Alzheimer, come corse, camminate o gala di raccolta fondi, può contribuire a raccogliere fondi per la ricerca e aumentare la consapevolezza sulla malattia. Questi eventi offrono anche l'opportunità di connettersi con altre persone che condividono un interesse comune nella lotta contro l'Alzheimer.

3. Volontariato: Il volontariato presso organizzazioni che si occupano di assistenza all'Alzheimer può essere un modo significativo per contribuire alla causa. Le organizzazioni spesso hanno bisogno di volontari per attività come l'assistenza diretta ai pazienti, il supporto ai caregiver, la partecipazione a programmi di ricerca o l'aiuto nell'organizzazione di eventi. Il volontariato offre anche l'opportunità di apprendere di più sull'Alzheimer e di fare la differenza nella vita delle persone colpite dalla malattia.

4. Coinvolgimento nell'attivismo e nella difesa dei diritti: Essere un sostenitore attivo dell'Alzheimer significa difendere i diritti delle persone affette dalla malattia e promuovere politiche che favoriscano la ricerca e l'assistenza all'Alzheimer. Ciò può includere l'attivismo presso i governi locali o nazionali per l'aumento dei finanziamenti per la ricerca, la promozione di politiche sanitarie adeguate e la diffusione di informazioni corrette sull'Alzheimer per contrastare lo stigma associato alla malattia.

5. Educazione e consapevolezza: Diffondere l'informazione e la consapevolezza sull'Alzheimer è un modo importante per sostenere la causa. Ciò può avvenire attraverso la condivisione di informazioni sui social media, la partecipazione ad eventi di sensibilizzazione, la distribuzione di materiale informativo o l'organizzazione di presentazioni o conferenze locali sulla malattia. L'educazione e la consapevolezza possono contribuire a rompere gli stereotipi e a promuovere una maggiore comprensione dell'Alzheimer nella società.

6. Coinvolgimento nella ricerca clinica: Partecipare a studi clinici e alla ricerca sull'Alzheimer può avere un impatto diretto sulla scoperta di nuovi trattamenti e terapie. Le persone affette dall'Alzheimer, così come i loro familiari, possono considerare di partecipare a studi clinici condotti presso centri di ricerca o istituti medici. Il coinvolgimento nella ricerca può contribuire a spingere avanti la conoscenza scientifica e ad accelerare la scoperta di una cura.

Sostenere la ricerca e l'assistenza all'Alzheimer richiede un impegno costante e la collaborazione di molte persone. Anche le piccole azioni possono fare una differenza significativa nella lotta contro questa malattia. Ognuno può trovare un modo di contribuire, in base alle proprie capacità e risorse, per migliorare la vita delle persone affette da Alzheimer e per sostenere la ricerca verso una cura.

12.1. _Ruolo delle organizzazioni e delle istituzioni nel supporto alle persone affette da Alzheimer_

Le organizzazioni e le istituzioni giocano un ruolo fondamentale nel supporto alle persone affette da Alzheimer e alle loro famiglie. Queste entità si dedicano a fornire assistenza, risorse e servizi specifici per aiutare coloro che sono colpiti dalla malattia. Di seguito sono riportati alcuni dei ruoli chiave che le organizzazioni e le istituzioni svolgono nel supporto alle persone affette da Alzheimer:

1. Informazione ed educazione: Le organizzazioni e le istituzioni forniscono informazioni accurate e aggiornate sull'Alzheimer, sia alle persone affette che ai loro familiari. Attraverso materiali informativi, siti web, linee guida e programmi educativi, queste entità cercano di aumentare la consapevolezza sulla malattia, offrendo informazioni sulle cause, i sintomi, le fasi e le opzioni di trattamento disponibili.
2. Supporto emotivo e psicologico: Le organizzazioni e le istituzioni offrono sostegno emotivo e psicologico alle persone affette da Alzheimer e alle loro famiglie. Ciò può avvenire attraverso gruppi di supporto, programmi di counseling, servizi di assistenza telefonica o online, che forniscono un ambiente sicuro per condividere le esperienze, ottenere consigli pratici e ricevere supporto emotivo da persone che affrontano situazioni simili.
3. Assistenza diretta: Molte organizzazioni e istituzioni offrono servizi di assistenza diretta per le persone affette da Alzheimer, come centri diurni specializzati, strutture di assistenza residenziale e programmi di assistenza domiciliare. Questi servizi forniscono un ambiente sicuro e strutturato, supporto nella gestione delle attività quotidiane, attività di stimolazione cognitiva e socializzazione con altri individui affetti da Alzheimer.
4. Consulenza e supporto per caregiver: Le organizzazioni e le istituzioni si dedicano anche a fornire supporto ai caregiver delle persone affette

da Alzheimer. Questo può includere programmi di formazione e di addestramento, consulenza sulla gestione delle sfide quotidiane, supporto nella pianificazione delle cure, risorse per il sostegno finanziario e servizi di sollievo per caregiver per consentire loro di prendersi cura di sé stessi.

5. Ricerca e sviluppo: Molte organizzazioni e istituzioni investono nella ricerca sull'Alzheimer, al fine di comprendere meglio la malattia, identificare nuovi trattamenti e sviluppare approcci terapeutici innovativi. Questi sforzi contribuiscono alla scoperta di cure più efficaci e alla promozione di una migliore qualità di vita per le persone affette da Alzheimer.

6. Difesa dei diritti e dell'accesso alle cure: Le organizzazioni e le istituzioni si impegnano a difendere i diritti delle persone affette da Alzheimer e ad assicurare che abbiano accesso a cure di qualità. Essi lavorano per promuovere politiche e programmi che migliorino l'assistenza, l'accesso ai servizi sanitari, l'accessibilità delle strutture e l'inclusione delle persone affette da Alzheimer nella società.

Le organizzazioni e le istituzioni svolgono un ruolo cruciale nel fornire supporto, risorse e servizi per le persone affette da Alzheimer e per i loro caregiver. Il loro lavoro contribuisce a migliorare la vita di coloro che sono colpiti dalla malattia, offrendo informazioni, sostegno emotivo, assistenza pratica e promuovendo la ricerca per una migliore comprensione e cura dell'Alzheimer.

11.2. *Impatto sociale e necessità di politiche e risorse adeguate*

L'Alzheimer ha un impatto sociale significativo che richiede politiche e risorse adeguate per far fronte alle esigenze delle persone affette e delle loro famiglie. Ecco alcuni punti chiave sull'impatto sociale dell'Alzheimer e sull'importanza di politiche e risorse adeguate:

1. Carico finanziario: L'Alzheimer può comportare un carico finanziario significativo per le persone affette e le loro famiglie. I costi associati all'assistenza medica, ai farmaci, alle cure domiciliari o alle strutture di

assistenza a lungo termine possono essere elevati. L'assistenza all'Alzheimer richiede risorse finanziarie per garantire l'accesso alle cure e al supporto necessari, rendendo cruciale l'adozione di politiche che riducano i costi e forniscono supporto finanziario per le famiglie.
2. Impatto emotivo e psicologico: L'Alzheimer può avere un impatto emotivo e psicologico significativo sulle persone affette e sulle loro famiglie. La progressione della malattia, la perdita di abilità cognitive e funzionali, e i cambiamenti nel comportamento possono causare stress, ansia, depressione e senso di isolamento. È fondamentale che vi siano politiche e risorse che supportino l'assistenza psicologica e il benessere emotivo delle persone affette e dei loro caregiver.
3. Ruolo dei caregiver: I familiari e i caregiver svolgono un ruolo cruciale nell'assistenza alle persone affette da Alzheimer. Tuttavia, l'impegno e il carico di lavoro dei caregiver possono essere enormi, causando stress fisico ed emotivo. È necessario fornire politiche che supportino i caregiver, come programmi di formazione, assistenza domiciliare, servizi di sollievo e accesso a risorse di supporto. Inoltre, le politiche dovrebbero anche promuovere flessibilità lavorativa per consentire ai caregiver di bilanciare l'assistenza con le responsabilità lavorative.
4. Stigma e consapevolezza pubblica: L'Alzheimer è ancora affetto da uno stigma sociale, che può portare a discriminazioni e a un accesso limitato a risorse e supporto. È fondamentale promuovere politiche e programmi che favoriscano una maggiore consapevolezza pubblica sull'Alzheimer, educando la società sulla malattia, riducendo lo stigma e promuovendo l'inclusione delle persone affette nella comunità.
5. Ricerca e innovazione: La ricerca sull'Alzheimer è fondamentale per comprendere meglio la malattia, identificare nuovi trattamenti e sviluppare approcci terapeutici innovativi. È necessario investire in politiche e risorse che promuovano la ricerca scientifica, la collaborazione tra istituti di ricerca e l'accesso a fondi per la ricerca sull'Alzheimer. Ciò consentirà lo sviluppo di nuove terapie e approcci che migliorano la qualità di vita delle persone affette.
6. Pianificazione a lungo termine: L'Alzheimer richiede una pianificazione a lungo termine per far fronte alle sfide future. Le politiche dovrebbero incentivare la pianificazione anticipata delle cure, la creazione di reti di supporto e l'accesso a servizi di assistenza a lungo termine. Ciò garantirà che le persone affette e le loro famiglie abbiano un percorso di cura ben definito e siano preparate per le future esigenze.

L'Alzheimer richiede un approccio olistico che affronti le sfide sociali, economiche ed emotive che coinvolgono le persone affette e le loro famiglie.

È cruciale che le politiche e le risorse siano allineate a queste necessità, promuovendo l'accesso a cure di qualità, sostenendo i caregiver, aumentando la consapevolezza pubblica e promuovendo la ricerca sull'Alzheimer. Solo attraverso un impegno congiunto di organizzazioni, istituzioni e governi si potrà fare progressi significativi nel supporto alle persone affette da Alzheimer e nel miglioramento della loro qualità di vita.

CONCLUSIONE:

Speranza e prospettive future nell'affrontare l'Alzheimer

Nel campo dell'Alzheimer, ci sono diverse speranze e prospettive future che offrono promesse per migliorare la comprensione, il trattamento e la gestione della malattia. Ecco alcuni dei progressi che alimentano la speranza:

- Ricerca in corso: La ricerca sull'Alzheimer è in continua evoluzione, con un'enfasi sempre maggiore sulla comprensione delle cause sottostanti della malattia, la scoperta di biomarcatori, l'identificazione di nuovi bersagli terapeutici e lo sviluppo di farmaci potenziali. Ciò potrebbe aprire la strada a trattamenti più efficaci e mirati per l'Alzheimer.
- Terapie innovative: Sono in fase di studio diverse terapie innovative, tra cui terapie genetiche, immunoterapie e terapie cellulari, che potrebbero offrire nuovi approcci per affrontare l'Alzheimer. Queste terapie mirano a rallentare la progressione della malattia, rimuovere le placche amiloidi o prevenire la formazione di grovigli di proteine tau.
- Approcci personalizzati: L'attenzione si sta spostando verso approcci terapeutici personalizzati per l'Alzheimer. La medicina di precisione, l'integrazione di dati genomici e l'utilizzo di tecnologie avanzate come l'intelligenza artificiale potrebbero consentire una diagnosi più accurata e un trattamento mirato in base alle caratteristiche individuali dei pazienti.
- Approcci non farmacologici: Accanto ai trattamenti farmacologici, l'attenzione si sta anche concentrando su approcci non farmacologici,

come terapie occupazionali, terapie cognitive, attività fisica e socializzazione. Questi approcci possono aiutare a migliorare la qualità della vita, mantenere le capacità cognitive e promuovere il benessere emotivo delle persone con Alzheimer.
- Miglioramento delle politiche e delle risorse: C'è un crescente riconoscimento dell'importanza delle politiche e delle risorse adeguate per affrontare l'Alzheimer. La promozione di politiche che favoriscano l'accesso a cure di qualità, sostengano i caregiver, aumentino la consapevolezza pubblica e investano nella ricerca è essenziale per creare un ambiente in cui le persone con Alzheimer possano ricevere il supporto necessario.
- Collaborazione e impegno: La collaborazione tra ricercatori, medici, caregiver, organizzazioni senza scopo di lucro e governi è fondamentale per affrontare l'Alzheimer in modo efficace. L'impegno e la cooperazione tra queste parti interessate possono portare a progressi significativi nella ricerca, nell'assistenza e nella promozione di politiche adeguate per le persone con Alzheimer.
- Consapevolezza pubblica: La crescente consapevolezza pubblica sull'Alzheimer contribuisce a ridurre lo stigma associato alla malattia e a promuovere una maggiore comprensione. Questo può portare a un maggiore sostegno, sensibilizzazione e risorse per le persone con Alzheimer e le loro famiglie.

Mentre le cure e le soluzioni complete per l'Alzheimer non sono ancora state raggiunte, queste speranze e prospettive future alimentano l'ottimismo e spingono la comunità scientifica, le organizzazioni e le istituzioni a lavorare insieme per migliorare la vita delle persone affette da questa malattia e per perseguire la ricerca di trattamenti efficaci.

"Nel Labirinto dell'Alzheimer", l'umanità continua a cercare la luce della comprensione e della cura. Ogni giorno, persone coraggiose, caregiver amorevoli e ricercatori tenaci si impegnano per offrire speranza e migliorare la vita di coloro che sono colpiti dalla malattia. Attraverso la ricerca scientifica, l'assistenza empatica e la volontà di lottare, una melodia di speranza risuona nel cuore di chiunque si imbatta nell'Alzheimer.

Che questa storia dell'Alzheimer sia un invito a guardare oltre le nebbie, a sostenere gli sforzi di ricerca, ad abbracciare il potere dell'empatia e ad affrontare le sfide con coraggio. Ogni passo verso la consapevolezza, la comprensione e la cura ci avvicina un po' di più a un mondo in cui l'Alzheimer non può più rubare i ricordi e la dignità delle persone.

Con affetto e speranza,

Fabio Battisodo